Harald Pühl / Wolfgang Schmidbauer (Hrsg.)
Supervision und Psychoanalyse

Harald Pühl · Wolfgang Schmidbauer (Hrsg.)

Supervision und Psychoanalyse

Plädoyer für eine emanzipatorische Reflexion in den helfenden Berufen

von
Thea Bauriedl; Georg Richard Gfäller
Winfried Münch; Harald Pühl
Wolfgang Schmidbauer; Franz Wellendorf

Kösel-Verlag München

CIP-Kurztitelaufnahme der Deutschen Bibliothek

Supervision und Psychoanalyse : Plädoyer für e. emanzipator. Reflexion in d. helfenden Berufen / Harald Pühl ; Wolfgang Schmidbauer (Hrsg.). Von Thea Bauriedl . . . – München : Kösel, 1986.
ISBN 3-466-34139-6
NE: Pühl, Harald [Hrsg.]; Bauriedl, Thea [Mitverf.]

Gesamtherstellung: Kösel, Kempten
Umschlag: Günther Oberhauser, München
ISBN 3-466-34139-6

Inhalt

Helfen als Beruf, Entfremdung und Supervision

Harald Pühl/Wolfgang Schmidbauer

»Einem Outsider erklären zu wollen, was Supervision ist, ist genauso sinnlos, wie einem Blinden die Farben erklären zu wollen, oder Nichtanalysierten klarmachen zu wollen, was Psychoanalyse ist.«

Ein Supervisionspraktiker zu einem Supervisionstheoretiker

Supervision, diese Sache mit dem schwer verständlichen Namen, ist schon seit einiger Zeit aus einem Halbschlaf neu erwacht. In der Studenten- und Protestbewegung war sie als unseliges Mittel der guten Anpassung an schlechte Bedingungen verschrien. Heute greifen immer mehr sozial Tätige nach Supervision, um über dieses Mittel ihre Arbeit reflektierend in den Griff zu bekommen und bestenfalls zu verändern. Seit einigen Jahren gibt es auch einen speziellen Studiengang an der Universität Kassel, wo Supervisoren ausgebildet werden. Eine Zeitschrift gleichen Namens erfreut sich steigender Beliebtheit.

Die zunehmende Bedeutung, die Supervision wieder erlangt hat, mag mehrere Gründe haben. In den letzten Jahren hat sich die Sensibilität der Helfer für psychische Prozesse – nicht zuletzt durch eigene Selbsterfahrung oder Therapie – erhöht. Der Wunsch entstand, diese Erfahrungen auch beruflich umzusetzen. Parallel dazu haben sich häufig die emotionalen und sozialen Problemlagen der ratsuchenden Klienten verschärft, was den sozial Tätigen höhere berufliche und emotionale Kompetenzen abverlangt. In den letzten zehn Jahren wurden aufgrund massiver öffentlicher Kritik an »harten« Maßnahmen wie Heimerziehung,

Psychiatrie und Knast bei Auffälligkeiten neue, »weichere« Interventionsstrategien entwickelt. Bevor zu drastischen Interventionen gegriffen wird, versucht der Sozialpädagoge bzw. Psychologe im Vorfeld Veränderungen zu erreichen. Für den Helfer bedeutet das nicht nur einen neuen, andersartigen Leistungsdruck, sondern er setzt sich in weit größerem Maß seiner Angst aus. Er muß das psychische Leid, das sich in jeder Auffälligkeit verbirgt, näher an sich heranlassen. Er soll versuchen, den Klienten gefühlsmäßig zu verstehen, anstatt ihn abzuschieben. Supervision ist hier eine Hilfe, sich dieser Angst zu stellen und sie nicht vorschnell abzuwehren.

Supervision und Sozialarbeit

Die begeisterte Rezeption der Psychoanalyse in den Vereinigten Staaten nach dem ersten Weltkrieg fällt mit der systematischen Anwendung der Supervision in der Sozialarbeit zusammen. Die Psychoanalyse versprach, methodisch und systematisch etwas zu leisten, was bisher der gesunde Menschenverstand mehr schlecht als recht zu bewältigen versuchte. Die von einer akademisch gebildeten Berufsgruppe geleistete Sozialarbeit sollte dasselbe tun. Das Defizit einer expliziten Theorie der Sozialarbeit wurde nach dem Motto »Lernen durch Tun« ausgeglichen. Die Studenten sollten schon früh unter Anleitung praktisch arbeiten. Freilich verfolgten dabei die großen Wohlfahrtsverbände, die diese Praxis repräsentierten, sehr wohl eigene Interessen. Die angehenden Sozialarbeiter sollten ihre Arbeit im Sinne ihrer Vorstellungen verrichten. Wenn Supervision im negativen Sinne mit Kontrolle und Anpassung in Beziehung gebracht wird, finden sich hier die historischen Gründe. (Auf Parallelen in der psychoanalytischen Ausbildung geht Schmidbauer in seinem Beitrag ein.) Supervision diente dazu, die verrichtete Arbeit anzuleiten und zu überprüfen. Dieses frühe Konzept wurde nach dem Zweiten Weltkrieg auch in Deutschland favorisiert. Supervisor war der Vorgesetzte innerhalb einer Institution, und Kontrollfunktionen wurden sehr bewußt ausgeübt. Dieses von *Melzer* (1977), *Pettes* (1971) und anderen favorisierte Konzept ist inzwischen dank der Kritik und dem Mißtrauen vieler Supervisanden zum Teil aufgegeben worden. Von der »Basis« bevorzugt wird der von außerhalb kommende Supervisor, der selbst nicht in die Institutionsdynamik verwoben ist und so einigermaßen das berufliche Helfen mitreflektieren kann. Die Autoren dieses Buches arbeiten alle nach diesem Konzept. Je größer allerdings Einrichtungen werden, je deutlicher das Kontrollbedürfnis ausgeprägt ist, desto eher wird auch wieder der Ruf nach dem »hauseigenen« Supervisor laut.

Helfen als Beruf

Unsere arbeitsteilige Industriegesellschaft fordert von jedem Arbeitnehmer, daß er seine Fähigkeiten einseitig entwickeln und ausbauen kann. Das Resultat dessen wird als berufliche Kompetenz bezeichnet. Wie *Sachße/Tennstedt* (1981) und *Müller* (1982) betonen, hat sich Helfen als Beruf erst seit der industriellen Revolution auf breiter Basis durchgesetzt.

Die Motivation zum Helferberuf nimmt diese Einseitigkeit oft nicht zur Kenntnis. Sie ist fast immer von der Vorstellung begleitet, etwas mit Menschen, etwas Ganzheitliches, Nichtentfremdetes zu tun. Trotzdem stellen sich im Beruf schnell Verschleiß- und Ermüdungserscheinungen ein, die dem Helfer meist unverständlich bleiben.

Der amerikanische Psychoanalytiker *Herbert J. Freudenberger* ist der Frage nachgegangen, warum aus den vielen idealistischen, begeisterten Anfängern in den sozialen Berufen die skeptischen, desinteressierten, resignierten Profis werden. Mit dem Begriff »burnout« (ausgebrannt) faßte er diese Erscheinungen zusammen, die so aussehen: Sympathie für die Klienten, die Jugendlichen, die Kinder, die Schüler schwindet und macht mißtrauischer Distanz Platz. Während bisher auch lange Arbeitszeit und relativ geringe Bezahlung ohne weiteres in Kauf genommen wurden, fühlt sich der Betroffene zunehmend ausgebeutet und unterbezahlt. Er klagt häufig über andauernde Müdigkeit, neigt vermehrt zu psychosomatischen Krankheiten wie Magengeschwüren, Migräneanfällen, Ekzemen und Asthma. Sein Privatleben leidet; Ehekrisen machen sich bemerkbar. Burnout ist etwas anderes als gewöhnliche Erschöpfung oder die realistische Anpassung an die berufliche Praxis. Von der ersten unterscheidet ihn die resignative Stimmung – Ferien lassen nicht neue Kräfte schöpfen, sondern den Zwang zum Wiederantreten der Arbeit nur düsterer scheinen –, von der zweiten die negative Bewertung dieser Anpassung, die mehr als ein Verlust an Selbstvertrauen und Schwung erlebt wird, weniger als Gewinn neuer, praktischer Fähigkeiten.

Cherniss (1979) hat Berufsanfänger während ihres ersten Berufsjahres wiederholt befragt und dabei Belastungen für den Neuling in drei Bereichen herausgefunden:

1. Er fühlt sich in seiner Kompetenz verunsichert, weil er auf ständige Erfolgserlebnisse angewiesen ist und die Ursache für Mißerfolge immer zunächst bei sich selbst sucht. Sein Selbstwertgefühl schwankt und wird durch Ereignisse zerstört, die trivial scheinen (wie bei einer Lehrerin, die sich während des Unterrichts auf ihre Brille setzte und durch das Gelächter der Kinder völlig die Nerven verlor, was sie noch wochenlang als schweres Versagen empfand). Viele Anfänger suchen in dieser Unsicherheit nach festen Strukturen und Anweisungen, können sich dabei aber nicht recht wohl fühlen, weil das ihren Vorstellungen an Selbstgestaltung und Eigenverantwortung für die Arbeit widerspricht.

2. Die Jugendlichen oder die Klienten belohnen die Anstrengungen des Helfers nicht durch Freude und Dankbarkeit für seinen Einsatz, sondern reagieren apathisch, desinteressiert – ja noch schlimmer: Sie erkennen in dem Neuling eine Schwachstelle einer verhaßten Institution; jemanden, der noch empfindlich ist für ihre Vorwürfe, der zwar auch ihre Bedürfnisse nicht erfüllt, jedoch immerhin verletzt und betroffen ist, wenn er ihre Unzu-

friedenheit und Enttäuschung spürt. Diese Reaktion der Klienten trifft den Helfer vor allem deshalb empfindlich, weil er sich von ihnen besonders viel Bestätigung erwartet hat.

»Sind Sie wirklich ein Erzieher, ein Psychologe?« Solche Fragen treffen seine Unsicherheit genau. Der Anfänger fühlt sich fast verpflichtet, sein Diplom vorzuweisen. Bei den Lehrern wird schon bald die Illusion zerstört, sie hätten ein gemeinsames Ziel mit den Schülern. Sie werden gerade zu dem Zeitpunkt auf die »andere Seite« gestoßen, in dem sie ihren Schülern besonders nahe sein wollen, besonders viel Bestätigung und Rückhalt bei ihnen bräuchten. Disziplinlosigkeit, Apathie, Faulheit und Unbelehrbarkeit (im Gegensatz zu Unwissenheit) verunsichern die Professionellen besonders, weil sie im Gerangel um begehrte Studienplätze alle entsprechenden Tendenzen in sich selbst unterdrücken mußten.

3. Der Arzt in eigener Praxis, der Lehrer vor seiner Klasse im Dorfschulhaus, der Pfarrer in seiner Kirche, der Anwalt in seiner Kanzlei – diese Urbilder der Helfer-Berufe bestimmen immer noch den bürgerlichen Mythos ihrer Kompetenz. Tatsächlich arbeiten aber viele Ärzte in Krankenhäusern, die meisten Lehrer in großen, bürokratischen Schulen; Selbstbestimmung und uneingeschränkte Befugnis sind Illusionen, die mit der Differenzierung und Bürokratisierung der sozialen Dienstleistungen immer realitätsfremder werden, obwohl sie ihre Bedeutung für das Selbstgefühl der Helfer noch längst nicht verloren haben. Der Direktor, der den Kopf in die Klasse der Referendarin steckt und »entschuldigend« sagt: »Ich dachte, die Klasse ist unbeaufsichtigt!«, demonstriert den Einbruch der Hierarchie in die Autonomie des Professionellen. Aber solche Einbrüche gibt es viele: die korrekt geführten Akten oder Krankengeschichten sind für die Bewertung des Anfängers scheinbar wesentlicher als seine Arbeit mit den Patienten oder Klienten. Wer auszog, um mit Menschen zu arbeiten und intensive Beziehungen zu ihnen herzustellen, findet sich hinter einem Schreibtisch bei langweiliger, aber unerläßlicher Büroarbeit oder vor einer Klasse mit Lehrplan und vorgegebenen Benotungszwängen.

In Deutschland wurden einseitig ausgebildete Persönlichkeitsstrukturen des Helfers als »Helfer-Syndrom« (*Schmidbauer* 1977) beschrieben. Seine emotionale Sensibilität, seine schon in der Kindheit entwickelten Antennen für die Bedürfnisse anderer (meist der Eltern) sind der Boden für seine Helferkompetenz, aber ebenso können sie zu seinem Verhängnis werden.

Das Helfersyndrom oder das Thema »Helfen als Abwehr« besagt, daß der Helfer deshalb die Rolle des Überlegenen, des Gebenden, des Unabhängigen braucht, weil er tiefe Ängste vor eigener Abhängigkeit, vor den eigenen kindlichen Bedürfnissen nach Zuwendung und Bestätigung hat. Er bewältigt eine Kindheit, in der er sich selbst in seinen regressiven Seiten abgelehnt oder unverstanden fühlte, indem er sich selbst mit einem Ideal der Progression, der Stärke, des Gebens, der Überlegenheit identifiziert. Dieses allgemeine Entwicklungsgesetz in einer leistungs- und konkurrenzorientierten Gesellschaft wird beim Helfer dadurch modifiziert, daß er seine Stärke ausdrücklich in den Dienst der Schwachen stellt. Er strebt nicht nach Erfolg, Macht und Karriere um ihrer selbst willen, sondern um damit Beziehungen herzustellen, zu denen er sich sonst nicht in der Lage fühlt. Er behandelt unbewußt andere so, wie er selbst gerne behandelt worden wäre – »weil mich niemand pflegt, werde ich Krankenschwester«. Der Helfer bleibt also stärker an seine Kindheit gebunden als der typische Erfolgsmensch, der ja ebenso seine regressiven Seiten verleugnet und nach innen wie nach außen kolonialistisch auftritt. Der Helfer fühlt sich alleine unvollkommen. Erfolg spürt er nur, wenn er mit einem schwachen Gegenüber verschmelzen, seine Stärke an ihn weitergeben kann.

Die Sehnsucht nach einem omnipotenten Idealzustand kann der Helfer in der Regel nicht in seinen intimen Beziehungen befriedigen. In diesen ist es für einen lebendigen Gleichgewichtszustand notwendig, daß beide Partner (etwa in einer Ehe) abwechselnd »starke« und »schwache« Positionen einnehmen können. Der Helfer hat im Gegensatz zum Technokraten, dem »Macher«, zum karriereorientierten Manager der Industriegesellschaft, seine Sehnsucht nach Nähe und Intimität nicht preisgegeben, doch macht sie ihm ebensoviel Angst wie jenem. Er sichert sich dadurch ab, daß er sich vor gegenseitigen Beziehungen schützt: Er ist der Gebende, die spendende Mutter, der Überlegene, Wissende – sein Schützling ist abhängig, bedürftig und unwissend. Manchmal wird diese Rollenverteilung im Privatleben beibehalten; manchmal umgekehrt: dann ist der im Beruf stehende und aus der Distanz stets überlegen scheinende und kontrolliert auftretende Helfer zu Hause wie ein empfindliches Baby, das verwöhnt und verhätschelt werden möchte und allen Anforderungen von Kindern und Ehepartnern mit dem Hinweis an seinen aufopfernden Beruf begegnet. *Schmidbauer* (1983) unterscheidet zwischen dem »Opfer des Berufs« und dem »Spalter«.

Vielleicht ist klar geworden, daß der Helfer durch seine Berufswahl versucht, nicht nur Beschädigungen auszugleichen, die er seiner familiären Sozialisation verdankt, sondern auch für sich selbst gefühlsmäßige Ziele zu erreichen, die sich auf einer professionellen Ebene nicht vollständig verwirklichen lassen. Unter diesem Blickwinkel werden die überhöhten, idealisierten Erwartungen verständlicher, mit denen Helfer-Novizen antreten.

Der eingängige Begriff des »Helfer-Syndroms« hat sich, obwohl neutral gemeint, als nachteilig erwiesen. Zu oft wurde versucht, ihn als Etikett zu mißbrauchen und endlich zu dem Ergebnis zu kommen, daß die »schlechten« Helfer mit dem Helfer-Syndrom »nur aus egoistischen Motiven handeln« (*Schmidbauer* 1983). Übersehen wurde dabei, daß sich die Helfer überhaupt erst durch die immanente Trennung von Produktion und Reproduktion der kapitalistischen Industriegesellschaft herausbilden konnten. Diese Teilung führte gesellschaftlich zu einer verhängnisvollen Teilung von »Machern« und »Fühlern«. Den Fühlern – also den Helfern – kommen die gesellschaftlich unerfüllten Sozialisationsaufgaben in besonderem Maße zu. In diesem Sinne steht der Helfer auf der anderen Seite des zweckrationalen Verwertungsprozesses. Er soll die aus der Gebrauchswertproduktion herausgefallenen Gefühle abfangen und ggf. weiterentwickeln. Aus der

Berufsmotivation »etwas Sinnvolles, etwas mit Menschen zu tun haben zu wollen«, setzt sich hinter dem Rücken des Helfers die Kehrseite gesellschaftlicher Entfremdung durch. Professionell und einseitig beschäftigen sie sich mit der industriell beschädigten Seele und bleiben dadurch zwangsläufig Komplizen der »Macher«. Wie sie unterliegen sie dem naturwissenschaftlichen Mythos, durch mehr Wissen und bessere Ausstattung den Problemen Herr zu werden.

Ottomeyer (1977) hat die mit der Entfremdung einhergehenden Phänomene der Apathie und Isolation der Arbeitnehmer als »Lohnarbeitergleichgültigkeit« beschrieben. Man wird kritisch fragen müssen, wie angemessen es ist, Erfahrungen aus der Produktionsphäre auf die helfenden Berufe zu übertragen. Mit Einschränkungen schon, denn Routine und Gleichförmigkeit der Arbeit führen auch bei den Helfern zu reduzierter emotionaler Beteiligung und Interesse am Rat- und Hilfesuchenden. Es gibt sicherlich berufsspezifische Formen, dies auszudrücken. So sprechen Mediziner mit Vorliebe in oft makaberer Darstellung über ihre Patienten, während Erzieher und Sozialarbeiter eher durch Zynismen ihre Frustrationen abwehren. Sicherlich läßt sich die Gleichgültigkeit des Helfers im Berufsalltag nicht durchhalten, da die Klienten immer wieder ihre Wünsche und Forderungen einbringen und versuchen, mitmenschliche Nähe herzustellen.

Die Krankenschwester in einem Alters- oder Pflegeheim kann nicht über jeden verstorbenen Betreuten angemessen trauern. Durch die Trauer würde sie dann ihre Arbeit nicht mehr in der geforderten Weise ausfüllen können. Dieser vom Helfer selbst empfundene Mangel an Teilnahme und mitmenschlicher Einfühlung führt oft – wenn auch unbewußt – zu Schuldgefühlen. Der Helfer fühlt sich der Aufgabe nicht gewachsen, macht sich Vorwürfe, nicht alles Mögliche getan zu haben und leidet unter Selbstwertzweifeln.

Selbsterfahrung und Supervision bieten Möglichkeiten, die Berufsqualifikation des Helfers zu erweitern und zu differenzieren. Aber wir sollten klar sehen, daß die Widersprüche in den

helfenden Berufen nicht in einem technischen Sinn gelöst werden können. Die Helfer haben sehr oft ungenützte Chancen, besser mit ihnen zu leben.
Immer neue Experten sind die Folge des Wettlaufs gegen das nicht enden wollende Elend. Immer neue Berufsqualifikationen für immer kleinere Teilbereiche psychischen Erlebens versprechen Besserung und höhere Effektivität. In diese Entwicklung reiht sich auch der Supervisor ein. Die Gefahr besteht, daß der hauptberufliche Supervisor – oft selbst ein frustrierter Helfer – über die neue Qualifikation auszusteigen versucht und ein neues abgehobenes Aufgabenfeld findet.
So wie der Sozialsektor erst mit dem Industriesystem entstehen konnte, kann er nur durch radikale Veränderungen im Industriesystem in seinen Grundstrukturen verändert werden. Beide sind unabdingbar miteinander verwoben. Somit ist Supervision nicht etwas »Natürliches«, sondern eine Folge industriell-arbeitsteiliger Entfremdungserscheinungen. Supervision antwortet also auch auf einen besonderen Zustand. Ziel von Supervision wird es in diesem Zusammenhang sein, die mit der Entfremdung einhergehenden Abstumpfungen der Helfer teilweise rückgängig zu machen und den gesellschaftlich produzierten Müllberg zwischenmenschlicher Entfremdung wenigstens wieder durchsichtig werden zu lassen. Weniger überfordert, können dann die »Fühler« ebenso wach bleiben für die Bedürfnisse, Wünsche und Ängste ihrer Klienten und wie für ihre eigenen.

Supervision und Institution

Der Widerspruch zwischen »Fühlern« und »Machern« zeigt sich besonders kraß in großen Institutionen. Da gibt es ein Heer der Helfer und den Apparat der Verwaltung. Beide Lager stehen sich skeptisch bis feindselig gegenüber. Sie entwerten die Arbeit der anderen Seite. Traditionelle Supervisionskonzepte vernachlässigen oft diese Beziehungsklärung zwischen Helfer und Institution, dabei übt gerade der institutionelle Rahmen, in dem sich *jede* Form psychosozialer und pädagogischer Arbeit abspielt, einen ganz wesentlichen Einfluß auf die konkrete Beziehung zwischen Hilfesuchendem und Helfer aus. Die Institution – und das kann auch ein sozialpädagogisches Selbsthilfeprojekt oder eine freie psychologische Praxis sein – verkörpert sozusagen in konzentrierter Form wesentliche Aspekte der gesellschaftlich-politischen Realität. Hier spiegelt sich zum Beispiel der Widerspruch zwischen Hilfesuchendem und Helfer über die Schiene der Geldabrechnung für die sozial-emotionale Zuwendung wider, psychisches Leid wird in irgendeiner Form verwaltet, für helfende Dienstleistungen wird geworben, Hilfe wird zur Ware und der Klient folgerichtig zum »Fall«.

Sicherlich vollzieht sich vieles nicht so sichtbar, so platt, sondern vermittelt über ritualisierte Handlungsabläufe, über stillschweigende Übereinkommen aller Beteiligten, über Mythen und Hierarchien, zum großen Teil unentdeckt hinter dem Rücken der Helfer selbst – denn sie sind ein Teil des Ganzen. Wenn Supervision hier wirksam sein will, muß sie diese Bedingungen mitreflektieren und sich weiterentwickeln zur »Institutionsanalyse«, wie Wellendorf in diesem Buch schreibt.

Wir haben es in der Supervision mit einem komplizierten Beziehungsgeflecht zu tun. Helfer und Klient stehen sich als Personen mit je spezifischen Sozialisationserfahrungen gegenüber. Diese Erfahrungen beinhalten biographische Daten, die gleichfalls gesellschaftlich vermittelt und wirksam sind. Der institutionelle Rahmen ist ebenfalls Ausdruck gesellschaftlich-kultureller Gewordenheit und auch als Sozialisationsinstanz des Helfers weiterhin wirksam (vgl. *Gaertner/Wittenberger* 1979). Individuelle und kulturelle Anteile bilden sich als überformende Realität heraus, bedingen und stabilisieren sich – zumindest teilweise – gegenseitig. Supervision als kritisch angeleiteter Prozeß der Selbstreflexion hat die Aufgabe, dieses komplizierte Beziehungsgeflecht, das sozusagen direkt durch die Person des Helfers verläuft, in seiner bewußten und unbewußten Dynamik zu entwirren. Seiten der Wirklichkeit, die für den Supervisanden kaum

noch wahrnehmbar sind, sollen ihm wieder zugänglich werden, damit er sein Handeln bewußter gestalten und in seinem wie im Interesse der Klienten verändern kann.
So ist Supervision eine Reflexion in zwei Richtungen. Als »Innenschau« spürt sie die biographisch relevanten Daten des Helfers auf, besonders in ihrer Übertragungs- und Gegenübertragungsdynamik hin zu den Klienten und zur Institution. Als Reflexion der »sozialen Realität« untersucht sie die spezifischen, gesellschaftlichen Bedingungen, unter denen psychisches Leid massenhaft entsteht, verwaltet und behandelt wird.
Da es keine spezielle Supervisionsmethode gibt (vielleicht mit Ausnahme der Balint-Arbeit), greifen viele Supervisoren auf therapeutische Verfahren zurück, um den Supervisionsprozeß methodisch leiten zu können. Dies ist nicht unproblematisch, da alle therapeutischen Verfahren auf die persönliche Entwicklung des Hilfesuchenden abzielen und allenfalls noch die Person des Therapeuten (wie die Psychoanalyse) theoretisch und methodisch miteinbeziehen. Der unüberlegte Rückgriff auf therapeutische Verfahren versperrt die Bearbeitung der Frage, wie Institution und Helfer miteinander verquickt sind. Die eingeschränkte Sicht auf die Beziehung Helfer–Klient kommt auch Selbsterfahrungs- und Therapiewünschen der Helfer entgegen. Auf dem Weg der Beziehungsklärung wollen sie etwas für sich selbst erhalten. Auch die Institutionsverdrossenheit vieler Helfer und »ausgestiegener« Supervisoren kommt der Therapeutisierung, dem Verharren auf der Helfer-Klient-Beziehung entgegen. Während die Auseinandersetzung mit der eigenen Institution mühselig und oft frustrierend wirkt, scheint die Beziehung zum Klienten faßbar, handhabbar, veränderungsfähig, erfolgsversprechend. Die in diesem Buch vorgestellten Ansätze erweitern die psychoanalytische Sichtweise um die Dimension Gruppe und Institution, um das Gesamt der Helferrealität reflektieren zu können.

Emanzipatorische Möglichkeiten der Psychoanalyse

> »Jeder Analytiker sollte periodisch, etwa nach Ablauf von fünf Jahren, sich wieder zum Objekt der Analyse machen, ohne sich dieses Schrittes zu schämen. Das hieße also, auch die Eigenanalyse würde aus einer endlichen eine unendliche Aufgabe, nicht nur eine therapeutische Analyse am Kranken.« *S. Freud**

Die früher dem zufälligen Gelingen oder Scheitern überlassene Arzt-Patient-Beziehung wurde durch die Psychoanalyse Gegenstand systematischer Untersuchungen. *Freud* (1937, 93f.) selbst hat durchaus gesehen, daß damit hohe, vielleicht unerfüllbare Forderungen auf die Person des Analytikers zukommen würden:

»Es ist unbestreitbar, daß die Analytiker in ihrer eigenen Persönlichkeit nicht durchweg das Maß von psychischer Normalität erreicht haben, zu dem sie ihre Patienten erziehen wollen. Gegner der Analyse pflegen auf diese Tatsache höhnend hinzuweisen und sie als Argument für die Nutzlosigkeit der analytischen Bemühung zu verwerten. Man könnte diese Kritik als ungerechte Anforderung zurückweisen. Analytiker sind Personen, die eine bestimmte Kunst auszuüben gelernt haben und daneben Menschen sein dürfen wie auch andere. Man behauptet doch sonst nicht, daß jemand zum Arzt für interne Krankheiten nicht taugt, wenn seine internen Organe nicht gesund sind; man kann im Gegenteil gewisse Vorteile dabei finden, wenn ein selbst von Tuberkulose Bedrohter sich in der Behandlung von Tuberkulösen spezialisiert. Aber die Fälle liegen doch nicht gleich. Der lungen- oder herzkranke Arzt wird, insoweit er überhaupt leistungsfähig geblieben ist, durch sein Kranksein weder in der Diagnostik noch in der Therapie interner Leiden behindert sein, während der Analytiker infolge der besonderen Bedingungen der analytischen Arbeit durch seine eigenen Defekte wirklich darin gestört wird, die Verhältnisse des Patienten richtig zu erfassen und in zweckdienlicher Weise auf sie zu reagieren.«

Die psychoanalytische Theorie bietet den unschätzbaren Vorteil, daß sie ein selbstreflexives Element als unentbehrlichen Bestand

* S. Freud: Die endliche und die unendliche Analyse, Ges. W. XVI, S. 96

teil enthält. Daß heißt, daß der Helfer nicht nur die Möglichkeit hat, sich selbst zum Gegenstand der analytischen Überlegungen zu machen, sondern ausdrücklich dazu aufgefordert und angeleitet wird. Wenn diese Reflexion dann nicht (wie es durchaus auch unter Analytikern geschehen kann) dort aufhört, wo z. B. berufliche Interessen auf dem Spiel stehen oder sich institutioneller Druck bemerkbar macht, dann wird die Psychoanalyse auch zu einer Quelle von Anregungen, sich in diesen Widersprüchen zu orientieren, sie zu ertragen, falsche Erwartungen an die eigene Helfer-Kompetenz zurückzuweisen und damit die eigene Person als Arbeitsinstrument weiterzuentwickeln.

Beispiele für diese selbstkritische Anwendung der Psychoanalyse auf das Arbeitsfeld der Supervision bieten die Anmerkungen zu Sinn und Fragwürdigkeit der »Kontrollanalyse« in der psychotherapeutischen Ausbildung. »Es ist schon ein bemerkenswertes Wort, das uns während der Ausbildung ständig begleitet: Der Kontrollanalytiker, die Kontrollanalyse, häufig, ohne auch nur im geringsten mit der Wimper zu zucken, Kontrolle genannt. Angeblich lernt man in der Kontrolle, sich mit dem Kontrollanalytiker, mit seiner ›Technik‹ zu identifizieren. Aber das ist doch paradox! Welche Identifikationen finden denn in und unter Kontrolle statt?« Mit diesen Fragen wendet sich ein Psychoanalytiker (*Sammy Speier* in *Lohmann* 1983) gegen die Praxis der psychoanalytischen Ausbildungsinstitute. In seinem Beitrag schildert W. Schmidbauer ähnliche Erfahrungen. Aber so unerfreulich solche Zustände sind: ihre kritische Reflexion innerhalb der psychoanalytischen Gruppen zeigt die Vitalität der analytischen Methode auch unter oft widrigen äußeren Umständen und institutionellen Einflüssen. Aus diesem Grund versuchen wir hier, verschiedene, psychoanalytisch orientierte Beiträge zu einem hilfreichen Umgang mit den Problemen der sozialen Berufe zu sammeln. Die zum Schlagwort gewordene Formel über den »hilflosen Helfer« bezieht sich ja nicht auf das Versagen der Helfer in ihrer gesellschaftlich geforderten Dienstleistung, sondern auf ihre immer wieder zu beobachtende Abwehr, auf sich selbst anzuwenden, was sie anderen vermitteln. Dazu gehört auch der Verzicht auf die Selbst-Reflexion der eigenen Praxis, auf eine kritische Distanz zu den eigenen Mustern, sich zu rechtfertigen, Widersprüche zu verleugnen, die eigene Geltung um den Preis der Wahrhaftigkeit aufrechtzuerhalten. Hier setzt eine aufdeckende, analytische Supervision an. Sie will nicht die zudeckenden Möglichkeiten der eigenen Fassade verbessern, sondern die Orientierung darüber, weshalb z. B. solche Formen der beruflichen »Charaktermaske« notwendig scheinen und ob es nicht oft sinnvoller wäre, auf sie zu verzichten.

Wie wirkt Supervision?

Die Frage ist nicht leicht zu beantworten, zumindest nicht in allgemeiner Form. In Einzelfällen sind Aussagen möglich; systematische Untersuchungen fehlen noch. Oft wird die Frage gestellt, warum die direkt Betroffenen, die Klienten, nicht an der Supervision teilnehmen. Schließlich sollte es doch um ihre Interessen und Bedürfnisse gehen. Aber es führt wohl eher zu Verwirrung als zu Klarheit, wenn man alles auf einmal erreichen will. Der Adressat von Supervision ist der Helfer. Er trägt die Verantwortung für komplizierte, gesellschaftlich eingebettete Behandlungsprozesse. Der Klient als reale Person bleibt aus diesem methodischen Reflexionsprozeß ausgeschlossen. Erfahrbar wird er aber sehr wohl über die Schilderungen des Helfers. Über seine Person läuft die Beziehungsklärung. Ihr Ziel ist vertieftes Verständnis für die Bedürfnisse, Wünsche und Ängste der Rat- und Hilfesuchenden.

Eine Erfahrung aus meiner (H. P.) Arbeit als Sozialarbeiter in einem Erziehungsheim kann vielleicht zeigen, wie sich durch Supervision die Beziehungen zu den Klienten verändern. In unserer Gruppe von Jugendlichen gab es immer wieder Sündenböcke, die von einem Großteil der anderen Jugendlichen stark abgelehnt und diskriminiert wurden. Erst im Laufe einer Team-Supervision konnte herausgearbeitet werden, daß auch wir jüngeren Erzieherkollegen einen älteren Mitarbeiter ablehnten. Wir fanden ihn in seiner Arbeit nicht konsequent genug. Seine Weichheit den Jugendlichen gegenüber empfanden wir als Nachgiebigkeit, die uns ärgerlich machte. Direkt konnten wir ihm dies nicht sagen. Vielmehr wurde das Verhalten des Kollegen zum Thema ausgedehnter Kneipengespräche unter uns jüngeren Mitarbeitern. Durch die Team-Supervision kamen wir darauf, daß der von uns abgelehnte Kollege in die Gruppe wertvolle »mütterliche« Anteile einbrachte, die für die Wünsche der Jugendlichen nach Versorgtwerden wichtig waren. Diese Auseinandersetzung unter uns Erziehern übertrug sich auf unsere betreuten Jugendlichen. Plötzlich fingen sie an, sich in langen Gesprächen auszutauschen, sich zu sagen, was sie am anderen schätzten und was nicht. Ohne daß wir Betreuer mit den Jugendlichen über unsere Auseinandersetzungen im Team sprachen, übertrug sich unsere geänderte Einstellung auch auf die Jugendlichen und veränderte das gesamte Klima der Gruppe. Die destruktiven Belästigungen einzelner Jugendlicher hörten schlagartig und nachhaltig auf. Für mich hat sich hier gezeigt, wie stark sich atmosphärische Haltungen und Einstellungen übertragen, und wie unbewußte Prozesse durch Supervision angestoßen werden können. Vielleicht zeigt dieses kleine Beispiel, daß es letztlich immer um die Verbesserung der Situation der Klienten geht, daß dazu aber freilich der »Umweg« über die Betreuer und Berater nötig ist.

In diesem Sinne steht Supervision im Schnittpunkt zwischen Persönlichkeit und Institution und kann nur in einem längeren Zeitraum geleistet werden. Unter zwei Jahren ist realistischerweise ein solcher Prozeß nicht möglich, wenn der Helfer eine eigene professionelle Haltung entsprechend seinem individuellen Arbeitsstil, seiner Persönlichkeit und seinen beruflichen Anforderungen entwickeln will. Ein solch druck- und handlungsfreier Raum ist nötig, damit der Supervisand an sich selbst die Etappen, eines tiefgreifenden Veränderungsprozesses erfährt, um auch seinen Klienten den Raum zu geben, ihre eigenen Probleme zu erkennen und zu eigenen Lösungen zu gelangen, die nicht durch vorschnelle Aktivitäten des Helfers verbaut werden.

Supervision in der Ausbildung: Bindeglied zwischen Theorie und Praxis

Harald Pühl

Die Ausbildung der Helfer wird durch Fachschulen und Universitäten sichergestellt. Im Vordergrund steht einseitig die kognitive Aneignung von Wissen und Kenntnissen. Die emotionale Ausbildung und Weiterentwicklung der Helfer bleibt weitgehend ausgeschaltet. So könnte der Eindruck entstehen, die Arbeit mit Klienten, Ratsuchenden, Kindern und Jugendlichen sei durch die Anhäufung von Wissen leistbar, durch methodische Kenntnisse instrumentell zu bewältigen.

Supervision in der Ausbildung ist meist die einzige Chance, der Person des Helfers als wichtigstes Instrument in den helfenden Berufen einen gebührenden Platz einzuräumen. An den meisten Fachhochschulen für Sozialarbeit/Sozialpädagogik haben die Studenten die Chance und den Zwang zugleich, an Supervisionssitzungen teilzunehmen. In der Psychologen- und Pädagogenausbildung an den Universitäten setzt sich vermehrt das Projektstudium durch, in dem die Verzahnung von Theorie und Praxis in der Person des Lernenden über das Medium Supervision angestrebt wird. Lediglich in der Erzieherausbildung an den Fachschulen haben die Absolventen meines Wissens nach nirgends die Chance, im geschützten Rahmen der Supervision die emotionalen Aspekte ihrer Arbeit zu reflektieren und zu entwickeln. Dies scheint mir kein Zufall, denn die Erzieher stehen auf der Hierarchieleiter der Helferberufe auf der untersten Stufe. Obwohl sie mit den Kindern und Jugendlichen den intensivsten Kontakt haben, steht ihnen die Möglichkeit, sich durch Supervision zu entlasten, am wenigsten offen.

Aufgrund meiner Erfahrungen als außenstehender Supervisor von Sozialarbeiterstudenten und als Dozent und Supervisor in der Projektausbildung von Psychologiestudenten, werde ich im folgenden darstellen, wie Supervision in der Ausbildung eine wertvolle Möglichkeit sein kann, die Kluft zwischen Theorie und Praxis stärker in Beziehung zu bringen, indem die Studenten durch die Erweiterung ihrer emotionalen Fähigkeiten theoretische Konstrukte besser verstehen und in ihr Handeln einbeziehen können. Gleichzeitig wird es darum gehen, die Grenzen emotionalen Lernens im Rahmen einer durch Prüfungen geregelten Ausbildung aufzuzeigen.

I. Praxisanleitung/Supervision an der Fachhochschule

Die Literatur legt in der Sozialarbeiterausbildung viel Wert auf die Differenzierung zwischen Praxisanleitung bzw. Praxisberatung und Supervision (z. B. *Pettes* 1971). Die Verwirrung und Vermischung dieser zwei Beratungsformen hängt sicherlich mit dem Beginn der Professionalisierung der Sozialarbeit zusammen. Schon seit den zwanziger Jahren sollte Supervision in Form von Praxisanleitung den ehrenamtlichen Helfern der Wohlfahrtsverbände in den USA helfen, einen kontrollierten und effektiven Einstieg in die Arbeit zu finden. Die Abgrenzung zwischen beiden Beratungsformen läßt sich m. E. klar ziehen, und zwar folgendermaßen:

Praxisanleitung. Sie findet in der Einrichtung, in der der Student sein Praktikum absolviert, durch einen erfahrenen Sozialarbeiter statt. Im Mittelpunkt steht die Einführung und Anleitung mit den je spezifischen Handlungsabläufen. Der Praxisanleiter plant und reflektiert mit dem Studierenden konkrete Vorgehensweisen. Da es sich um einen Ausbildungsabschnitt mit Bewertungscharakter handelt, und der Praxisanleiter dadurch gleichzeitig Vorgesetzter und Teil der Institution ist, können und sollten persönliche Anteile des Studenten nicht zum Gegenstand der Reflexion werden.

Supervision. An der Fachhochschule für Sozialarbeit, an der ich meine ersten intensiven Erfahrungen als Supervisor sammeln konnte, haben wir Supervision so definiert:
»In der Supervision werden die objektiven und die subjektiven Möglichkeiten in einem konkreten sozialen Praxisfeld geklärt. Das vollzieht sich insbesondere in drei Bereichen:
– der Beziehungsdynamik zwischen allen Beteiligten (Klient, Student, Sozialarbeiter, Supervisor, Institution und deren Repräsentanten). Diese wird in der Supervision deutlich, beschreib- und damit bearbeitbar,
– den institutionellen und gesellschaftlichen Widersprüchen, die in der Supervision auf ihre ökonomischen, organisatorischen und ideologischen Zusammenhänge untersucht werden,
– den Theorie- und Methodenfragen. In der Supervision wird die Umsetzung von vorhandenen und neuen Ansätzen geplant und reflektiert« (*Seifert/Pühl/Fiedler* 1980).
Supervision kann somit auch der Raum für die Studenten sein, etwas über den Umgang mit ihren inneren Wünschen, Konflikten und Motivationen zu erfahren.
Während also Praxisanleitung in der Praktikumstelle des Studenten angeboten wird, findet Supervision außerhalb der Arbeit durch einen institutsunabhängigen Supervisor statt und unterscheidet sich dadurch grundsätzlich nicht von einer ›normalen‹ Supervision. Eingeschränkt wird dies dadurch, daß die Studenten sich nicht frei für oder gegen die Supervision entscheiden können, da sie Pflichtteil der Ausbildung ist.

Organisation der Supervision

In den letzten Semestern ihres Studiums absolvieren die Sozialarbeiterstudenten theoriebegleitend ein Praktikum, das supervidiert werden muß. Oft entwickelt sich die Praktikumsaufgabe – Einzelfallhilfe oder Gruppenarbeit – aus einem vorherigen Blockpraktikum oder aus der Projektarbeit.
Die Studenten sind in der Wahl ihres Supervisors frei, d. h.

sofern er die Qualifikationsanforderungen erfüllt, wobei die Fachhochschule bei der Suche nach geeigneten Supervisoren behilflich ist. Sie vereinbart auch das Honorar mit dem Supervisor und die Dauer (in der Regel 20 Sitzungen). Inhaltlich besteht keine Mitteilungspflicht des Supervisors gegenüber der Fachhochschule, so daß die Vertrauensbasis für den Studenten gesichert ist. Als etwas problematisch könnte man anmerken, daß die Freiwilligkeit zur Supervision dadurch eingeschränkt ist, daß der Student die Bescheinigung über die Teilnahme zum Abschluß seines Studiums benötigt.

Wegen der höheren Intensität bevorzuge ich Supervision in kleinen Gruppen von drei bis fünf Studenten, die sich entweder schon vorher kennen oder sich individuell bei mir melden. Während häufig betont wird, daß bei der Zusammenstellung der Gruppe die Homogenität bezüglich der Arbeit als Kriterium dienen sollte, habe ich beste Erfahrungen damit gemacht, Studenten sehr unterschiedlicher Praxisfelder in einer Gruppe zu supervidieren. Das Verbindende unter den Studenten bleibt dennoch groß genug, damit eine gemeinsame Arbeit möglich wird, denn alle beginnen ihr Praktikum zur gleichen Zeit und beenden es auch zu einem festgelegten Zeitpunkt.

Handelt es sich um eine geschlossene Gruppe, die Supervision wünscht, führe ich das Erstgespräch natürlich mit allen Beteiligten zugleich. Melden sich einzelne Studenten und wünschen Gruppensupervision, was häufig vorkommt, habe ich früher mit den Studenten einzeln die Erstgespräche geführt, später auch gleich als Gruppe, was den Vorteil hat, daß sich die zukünftigen Supervisanden direkt kennenlernen. Ziel des Erstgespräches ist es, gegenseitige Bedürfnisse, Vorstellungen und Erwartungen für die Beratung abzuklären. Wenn Supervisor und Supervisanden sich vorstellen können, zusammen in den Reflexionsprozeß einzusteigen, werden im Erstgespräch auch die äußeren Bedingungen (Teilnahmepflicht, Ort, Zeit, Raum, Erstellen von Protokollen) abgeklärt, unter denen die Supervision stattfinden soll.

In Erstgesprächen stelle ich immer wieder fest, daß die Vorstellungen über das, was die Studenten von der Supervision erwarten, äußerst diffus sind. Das hängt sicherlich damit zusammen, daß der Begriff Supervision selbst erst einmal keine Assoziationen auslöst, außer daß es sich um etwas Kompliziertes handeln könnte. Ferner hat Supervision auch viel mit eigenem Erleben zu tun, so daß eine verbal-theoretische Vermittlung immer dünn bleiben muß. Die Vorstellungen bei den Studenten reichen vom Erhalten von Rezepten und Anweisungen für die Praxis bis hin zu Vorstellungen in Richtung Therapie. Ich selbst definiere Supervision als den Versuch, gerade die diffusen, noch unbenennbaren Gefühle und Eindrücke in bezug zur Arbeit zu klären. Diese nebulösen Wahrnehmungen nimmt der Student zuerst oft atmosphärisch wahr, sozusagen im Bauch. Ziel der Supervision ist es dann, zusammen mit dem Studenten herauszuarbeiten, welche Konfliktbereiche sich in diesem Noch-nicht-konkret-Benennbarem manifestieren.

Ein Beispiel, das ich gerne zur Veranschaulichung bringe: Ein Praktikant arbeitet in einer Kindergruppe, in der ein aggressiv-auffälliges Kind ist. Nun spürt er, daß er sich diesem Kind gegenüber »komisch« verhält, was sich unterschiedlich äußern kann: Der Praktikant geht dem Kind aus dem Weg oder er versucht es zu disziplinieren, vielleicht legt er sich auch mit dem Kind an oder ähnliches. Hier könnte Supervision helfen herauszufinden, wo die Gründe für die Aggressivität des Kindes und die Schwierigkeiten des Praktikanten im Umgang damit liegen:

1. Das *Kind* drückt in der Aggressivität sein Leiden, sein Unverstandensein aus, das es auch in seiner Familie erlebt.
2. Der *Student* empfindet das Kind als aggressiv, weil er aufgrund seiner Biographie sich sehr angepaßt verhalten mußte.
3. Das Kind reagiert aggressiv auf repressive *Bedingungen der Institution,* etwa auf die penible Einhaltung von Regeln und Ordnungsvorstellungen.
4. Oder das Kind drückt einen Konflikt seiner *Kindergruppe* aus, wird also zum Protagonisten eines unterschwelligen Gruppenkonfliktes.

Natürlich lassen sich diese Ebenen nicht trennscharf abgrenzen, sie geben aber eine Suchbewegung an, die bemüht ist, Ursachen

für das Verhalten herauszuarbeiten. Ziel dieses Supervisionsverständnisses ist es, eine neue Basis für Handlungsfähigkeit zu finden, da ich davon ausgehe, daß die blockierten diffusen Konflikte tendenziell zum Rückzug, zu repressiven Gegenmaßnahmen oder zur Resignation des Helfers führen.
Deshalb fordere ich die Studenten auch nicht auf, vorbereitete Protokolle oder formulierte Fragestellungen in die Supervision mitzubringen. Ich bevorzuge eher die freie »Falldarstellung«, damit genug Raum bleibt, auch die entscheidenden Zwischentöne einzubringen, die oft erst zum Verständnis der Situation beitragen und bei den übrigen Supervisanden entsprechende Fragen und Einfälle auslösen.

Zum Supervisionsprozeß

Ausgangspunkt aller Reflexion in der Gruppensupervision ist die konkrete Arbeit – der »Fall« wie es so schön heißt –, die die Studenten im Rahmen ihres theoriebegleitenden Praktikums verrichten. Konkret sieht das so aus, daß in der Regel ein Mitglied beginnt, von seiner Arbeit zu berichten. Das Bedürfnis dazu entspringt häufig den Schwierigkeiten, die in der Betreuung aufgetreten sind, manchmal ist auch der Wunsch da, die übrigen Teilnehmer der Supervisionsgruppe auf dem laufenden zu halten.
Durch Nachfragen der übrigen Gruppenmitglieder differenziert sich das Bild von der dargestellten Situation. Der Supervisand findet dadurch einen neuen, breiteren Zugang. Entsprechend der methodischen Ausrichtung des Supervisors gibt es klassischerweise zwei Richtungen, in denen sich der Supervisionsprozeß entwickeln kann:

Supervisandenzentrierte Fallbearbeitung:
Die gesamte Aufmerksamkeit der Anwesenden konzentriert sich darauf, den vorgetragenen »Fall« besser zu verstehen. Dahinter steht bei den anderen Teilnehmern häufig das Motiv, dem Kolle-

gen bei der Lösung seines Problems zu helfen, eigene Supervisionsbedürfnisse werden zu dessen Gunsten zurückgedrängt. Meine Aufgabe als Supervisor sehe ich darin, einen Schwerpunkt zu erarbeiten aus dem, was der Supervisand eingebracht hat, was der Gruppe dazu eingefallen ist, und wie es auf mich gewirkt hat.
Dieses Ergebnis hat zunächst hypothetischen Charakter, d. h. es muß in der Praxis erst noch auf seine Richtigkeit überprüft werden. Um dem Studenten aber Handlungsperspektiven zu eröffnen, überlegen wir manchmal gemeinsam weitere Schritte des Vorgehens.

Gruppenzentrierte Fallbearbeitung:
Auch hier beginnt die Sitzung oft damit, daß einem Teilnehmer ein Anliegen besonders am Herzen liegt. Nachdem er es ausformuliert hat und die anderen u. U. mit Nachfragen darauf reagieren, leite ich als Supervisor dann häufig einen Perspektivenwechsel ein. Ich interessiere mich dafür, ob den übrigen Teilnehmern aus ihrer praktischen Arbeit das Anliegen verständlich ist. Da dies meist der Fall ist, bitte ich sie, es auf ihre Weise zu schildern.
Konkret sieht das so aus, daß Gerd, der eine Familie mit einem sogenannten »auffälligen« Kind betreut, nach ersten Kontakten enttäuscht ist, daß die Betroffenen so wenig offen von ihren Problemen und Wünschen erzählen, teilweise hat er sogar den Eindruck, die Familienmitglieder begegnen ihm mißtrauisch, zurückhaltend und distanziert kühl.
Ich stelle dann nicht sofort die beliebte Supervisionsfrage »Wie geht es dir denn dabei?«, sondern ermutige erst einmal die übrigen Supervisanden, die ja auch gerade ihre ersten Praktikumserfahrungen sammeln, zu erzählen, wie es ihnen in dieser Richtung ergangen ist. Erfahrungsgemäß löst der Bericht des erstberichtenden Supervisanden bei den Kollegen Überlegungen und Fragen bezüglich ihrer eigenen Praxis aus. Dadurch, daß sie jetzt ihre Variante des schwierigen Schrittes zu einem vertrauensvollen Verhältnis mit ihren Klienten ausmalen, entwickelt sich

ein Gruppengespräch. Durch dieses Gruppenthema wird Gerd, der das Thema zuerst einbrachte, entlastet. Er wird nicht selbst zum »Fall«, dem man helfend unter die Arme greifen muß.
Erst in der nächsten Phase komme ich wieder auf den Falleinbringer zurück, um zu sehen, was sich bei ihm verändert hat, wo er jetzt steht, nachdem er die Eindrücke der Kollegen gehört hat. In diesem Supervisionsabschnitt können konkrete Schritte überlegt werden. Oder, wie in diesem Beispiel, auch die institutionellen Vorerfahrungen mit dem Jugendamt als Kontroll- und Beratungsinstanz herausgearbeitet werden, die eventuell mitverantwortlich sein könnten für das registrierte Mißtrauen in der Familie.
Ich bevorzuge die *gruppenzentrierte Fallbearbeitung,* vor allem deshalb, weil sonst ein Teil der Supervisionsgruppe über längere Zeit in die Rolle reiner Statisten oder Nachfrager zurückgedrängt wird, während einer an seinem »Fall« arbeitet. Ziel der von mir bevorzugten gruppenzentrierten Fallreflexion ist es, alle Teilnehmer mit ihren jeweiligen Erfahrungen einzubeziehen, damit sich das zuerst eingebrachte Thema zu einem bunten Mosaik erweitert, in dem sich alle Praktikanten wiederfinden können.
Die Erfahrung hat mir jedoch gezeigt, daß nicht in jeder Phase des Supervisionsprozesses diese Arbeitsmethode angemessen ist. Nahe liegt dieses Vorgehen, wenn die Supervisanden in ähnliche Fragen involviert sind. Dies ist besonders zu Beginn und zum Schluß des Praktikums und der Supervision der Fall. Zu Beginn geht es um Fragen wie die Beziehungsdefinition zwischen Helfer und Klient (Wie soll meine Hilfe aussehen, was will ich bezwecken? Wie sollen mich die Klienten sehen?), ferner stehen Ängste vor Ablehnung und Mißerfolg im Vordergrund und auch die Frage, wie sich ein vertrauensvoller Kontakt aufbauen läßt. Gegen Ende des Praktikums und der Supervision geht es darum, sich von den Klienten zu trennen, gemeinsame Bilanz zu ziehen, auch um Trauer und Enttäuschung über all das nicht Erreichte. Die Mittelphase des Supervisionsprozesses hingegen ist häufig durch die Vertiefung und Verdichtung der jeweiligen Praxisaufgaben bestimmt; hier steht jeder Student stärker im Mittelpunkt der Reflexion. Das heißt natürlich nicht, daß es dann

nichts Gemeinsames mehr gibt (vgl. *Conrad/Pühl* 1983, *Pühl* 1984, *Gfäller* in diesem Buch), sondern die Reflexion dessen tritt mehr in den Hintergrund.
Das Einbeziehen aller an der Supervision Beteiligten läuft weiterhin über die aktuelle Hier-und-Jetzt-Ebene in der Supervision. Um bei dem Beispiel von Gerd zu bleiben: das anfängliche Mißtrauen in der Familie auf sein Hilfsangebot war anfangs auch in der Supervisionsgruppe. Sie hat sich erst einige Male getroffen, und die Frage von Offenheit, Vertrauen und Erwartungen sind auch hier von bewegendem Interesse. Wünsche und Erwartungen zwischen dem Supervisor und den Supervisanden sind zu diesem Zeitpunkt auch noch nicht ausgelotet und müssen erst abgetastet und erprobt werden. Nach den Schilderungen der Praktikanten über ihre ersten Kontakterfahrungen mit ihren Klienten wechsle ich dann oft die Ebene und frage sie, wie es ihnen hier in der neuen Gruppe geht. Meine Überlegung dabei ist, daß die Studenten dadurch am eigenen Leib erleben können, wie sie sich in der Rolle des Hilfesuchenden fühlen. Durch den Ebenenwechsel von der aktuellen Thematik des vorgebrachten Falles zur aktuellen Dynamik in der Supervisionsgruppe, können die Studenten in der Position als Selbst-Betroffene reflektieren, wie es ihnen geht, wie schwer es beispielsweise ist, sich nach relativ kurzer Zeit in einer noch unvertrauten Situation zu öffnen und über Persönliches zu sprechen. Erfahren wird in diesem Anfangsstadium häufig die Ambivalenz, einerseits Hilfsangebote in Form von Supervision in Anspruch nehmen zu wollen, andererseits emotional aber nicht ohne weiteres zu können, weil man noch nicht weiß »wo und wie es hier lang geht«. Ausgehend von dieser fallbezogenen Selbsterfahrungssequenz kann sich der Praktikant in der Regel viel besser in die Situation seiner Klienten einfühlen und gelassener auf Skepsis und unklare Wünsche reagieren.

Abgrenzung zur Therapie

Jede Supervision mobilisiert neben Selbsterfahrungswünschen auch Therapiebedürfnisse, da durch die Hilfe für den Klienten auch eigene Wünsche nach emotionalem Verstandenwerden und Bearbeitung eigener innerer Konflikte wach werden.
Oft bleiben diese therapeutischen Bedürfnisse latent und schieben sich nicht in den Vordergrund. Deutlich werden sie m. E. daran, daß die Praktikanten Überlegungen anstellen, was denn Supervision von Therapie unterscheidet oder mich als Therapeuten ansprechen. Der Supervisor sollte nicht scheuen, diese Vergleiche zum Thema zu machen.
In einer Einzelsupervision erlebte ich einen für mich sehr eindrucksvollen Verlauf in dieser Hinsicht. Zum Schluß einer Supervisionssitzung meint ein Student sehr zögernd, daß er noch etwas habe, von dem er aber nicht wisse, ob es in die Supervision gehöre. Da die Zeit um war, schlug ich ihm vor, daß wir beim nächsten mal darüber sprechen könnten, um das zu entscheiden. In der darauffolgenden Sitzung schaute der Praktikant mich erwartungsvoll an, ohne etwas zu sagen. Daraufhin begann ich und meinte, daß vom letzten Mal noch eine Frage im Raum stehe. Dann erzählte er, daß er schon seit Jahren an Schlaflosigkeit und starken Angstgefühlen leide. Bisher habe er sich noch nie getraut, mit jemanden darüber zu sprechen, außer mit seiner Freundin. Dann fragte er, ob das ein Grund sei, einen Therapeuten aufzusuchen. Ohne allzu stark auf die angesprochenen Probleme einzugehen, bejahte ich diese Frage. Ich fügte noch hinzu, daß Helfer nicht selten Therapie-Bedürfnisse hätten und ich selbst auch eine Therapie gemacht hätte.
Überrascht war ich in der nächsten Sitzung, eine Woche später, als mein Supervisand erleichtert berichtete, daß er über einen Freund schon einen Therapeuten gefunden habe und die Therapie nun losginge. Das Gespräch mit mir habe ihm die Schwellenangst genommen.
Ich glaube, dadurch, daß ich seine Frage nach Therapie ohne Bewertung und ohne problematisierende Vertiefung aufnehmen

konnte, wurde das Therapiebedürfnis des Studenten enttabuisiert.
In einem anderen Falle habe ich unbewußt als Supervisor von mir aus ein Therapieangebot in die Supervision eingebracht: Dieter, bisher in der Gruppe gefühlsmäßig wenig präsent, wurde wegen seines zurückgezogenen Verhaltens von mir und einem Gruppenmitglied angesprochen. Er konnte unsere Beobachtung nicht verstehen und fühlte sich kritisiert.
In der Sitzung darauf fehlte er. Die Gruppe und insbesondere ich machten uns Sorgen, daß sein Nichtkommen mit der letzten Stunde zusammenhängen könnte. Ich überlegte mir noch einmal, welches Bild ich von Dieter hatte. Er wirkte auf mich depressiv zurückgezogen und es war schwer für mich, zu ihm einen Kontakt aufzubauen. Eigentlich wußte ich so wenig von ihm, daß meinen Phantasien über ihn Tür und Tor geöffnet waren. Es könnte sein, daß Dieter den Termin wirklich nur vergessen hatte – was mir allerdings schwerfiel zu glauben –, oder er hatte das sehr persönliche Angesprochenwerden in der letzten Sitzung nicht verstanden. Ich konnte mir auch vorstellen, daß sein depressives Verhalten auch suizidale Momente beinhaltete. Meine Unsicherheit und diese Gedanken machten mir Angst und ich war bedrückt, so daß ich Dieter sofort anrief.
Dabei bewahrheitete sich die erste Vermutung, daß er den Termin »vergessen« hatte. Er konnte meine Sorge um ihn überhaupt nicht verstehen und fand das »alles übertrieben«.
Ich war danach sehr aufgewühlt und wußte nicht, ob ich zu weit gegangen war, ob ich mich auf mein Gefühl verlassen konnte, oder ob ich Dieter damit entmündigt hatte. Ich fühlte nach dem Telefongespräch eine große Verunsicherung und Einsamkeitsgefühle, so daß ich unbedingt für mich einen Austausch mit einem Kollegen brauchte. In der kollegialen Reflexion wurde mir deutlich, daß ich im Namen der Verantwortung zu weit gegangen war. Unbewußt hatte ich bei Dieter in der Supervisionsarbeit auf einer therapeutischen Ebene reagiert, die den Rahmen dieser Supervision sprengte.
In der nächsten Sitzung sprach ich meine Unsicherheit vom

letzten mal an und auch das Ergebnis meiner kollegialen Supervision. Ich machte die Grenze zwischen Therapie und Supervision deutlicher und riet Dieter, falls er therapeutische Hilfe brauche, sich eine Therapie zu suchen.
In einer viel späteren Sitzung, als ein Gruppenmitglied von dem Selbstmord eines Bekannten sprach, konnte sich Dieter sehr gut einfühlen, da seine Freundin vor einigen Jahren selbst einen Suizid begangen hatte. Den Verlust seiner Freundin hatte er bis heute nicht überwinden können, so daß ihm auch neue Bekanntschaften mit Frauen bisher nicht möglich waren.
Ich glaube, daß sich an diesem späteren Einfühlen von Dieter zeigt, daß meine Phantasien über eine Nähe zum Suizid bei ihm eine gewisse Basis hatten. Obwohl ich unbewußt einen Konflikt gespürt habe, gehört es zu den schwierigsten Aufgaben eines Supervisors, diese Spannungen auszuhalten und Vertrauen in den Prozeß zu haben.

Integration von Theorie und Praxis

Für mich als Supervisor ist es immer wieder faszinierend zu sehen, wie engagiert die Studenten in ihren Supervisionen darum ringen, die in der Praxis auftauchenden Probleme und Fragestellungen zu verstehen. Ausgangspunkt für das vertiefte Verständnis ist oftmals der Student selbst, seine gefühlsmäßigen Reaktionen auf die Wünsche und die Situation seiner Klienten. Von hier aus wird der Weg frei, bisher unverbundene Theorieansätze »fallbezogen« aufeinander zu beziehen und zu bewerten.
Wenn in der Supervision der Student als Person einen breiteren Raum einnimmt, so bedeutet das keine Absage an die Bedeutung theoretischer Erkenntnisse für die soziale Arbeit. Vielmehr ist es m. E. so, daß erst durch die gefühlsmäßige Betroffenheit der Zugang zu Theorien neu eröffnet wird. Das, was Theorien eigentlich sind, nämlich abstrahierte Praxis, wird teilweise wieder lebendig und kann dadurch in einem neuen Licht erscheinen und nutzbar gemacht – oder als nicht hilfreich bewertet werden.

Ein Beispiel soll helfen, dies ansatzweise zu verdeutlichen: Durch Vermittlung des Jugendpsychiatrischen Dienstes betreut Bernd einen 15jährigen Jungen, nennen wir ihn Karl. Seiner Lehrerin fiel er auf, da er Damenunterwäsche mit in die Klasse brachte. Vor den Mitschülern fiel Karl durch sein scheues Verhalten, ausgeprägte Kontaktängste und damit verbundenen Rückzugstendenzen auf. Wegen seines rapide fallenden Leistungsschnitts wurde seine Umschulung in die Sonderschule erwogen. Auf einer Klassenfahrt kam es einmal zu einem »psychotischen Durchbruch« bei Karl. Er fühlte sich verfolgt, von seinen Mitschülern bedroht und fing ohne äußerlich ersichtlichen Grund an zu schreien. Da er nicht zu beruhigen war, wurde er für mehrere Wochen in einer Klinik psychiatrisch behandelt.
Karl fiel dem Studenten durch seine ausgeprägte Unselbständigkeit auf. So schlief er immer noch zusammen mit der geschiedenen Mutter im ehemaligen Ehebett, wurde von ihr gewaschen und teilweise auch angekleidet. Obwohl die Mutter der Betreuung durch den Studenten zugestimmt hatte, reagierte sie mißtrauisch und eifersüchtig auf den sich entwickelnden Kontakt zwischen ihrem Sohn Karl und dem Praktikanten Bernd. Um das Berichtete in der Supervisionsgruppe etwas lebendiger zu gestalten bat ich den Studenten, die Familie von Karl zu zeichnen, wobei er sich selbst auch mit einbeziehen sollte.
Inspiriert durch die eigene Erfahrung des Malens regte der Student auch Karl beim nächsten Treffen an, seine Familie und alle ihm wichtigen Personen zu malen. Dabei zeichnete sich Karl ganz klein und zusammengedrückt zwischen der Mutter und der Großmutter mütterlicherseits. Etwas weiter abseits standen die Lehrerin und der Student.
Interessant an diesem Bild war die offensichtliche Unterdrükkung des Jungen durch Mutter und Großmutter. Für den Studenten rückte durch die Zeichnung erstmals auch die Großmutter als zentrale Persönlichkeit ins Blickfeld. Bernd wußte zwar schon, daß die Mutter sich häufig dort aufhielt und auch Karl regelmäßigen Kontakt zu seiner Oma hatte, aber Hinweise auf die Art der Beziehung brachte erst die Zeichnung des Jungen zutage.

Der Student erinnerte sich an ein Seminar an der Fachhochschule, in dem über pathologische Familienstrukturen gearbeitet wurde. Durch die Diskussion über die Zeichnung in der Supervisionsgruppe angeregt, begann er nochmals Richter (»Eltern, Kind, Neurose«) und Bateson u. a. (»Schizophrenie und Familie«) zu lesen. Sein Blickwinkel und sein konkretes Vorgehen in der Betreuung des Jungen wurden dadurch nachhaltig beeinflußt. Er verstand Karls »Auffälligkeiten« nicht mehr als etwas Isoliert-Individuelles, sondern als Ausdruck der speziellen Familiendynamik. Ihm wurde durch die theoretische Beschäftigung mit Familienstrukturen und die erlebten Mißtrauensbekundungen klar, »daß an der Mutter kein Vorbeikommen ist«, wie Bernd es ausdrückte.

Als Konsequenz für seine praktische Arbeit versuchte er nun nicht mehr, sich ausschließlich mit dem Jungen zu beschäftigen, sondern vereinbarte auch mit der Mutter regelmäßige Termine, in denen er mit ihr sprechen wollte, um sie in die Betreuung einzubeziehen. Zuerst lehnte sie das entrüstet ab, da sie doch keine Hilfe brauche, konnte nach einer Weile aber doch das Gesprächsangebot annehmen. Interessanterweise entwickelten sich diese Gespräche schnell weg von der Reflexion ihrer Beziehung zu ihrem Sohn. Zunehmend rückte ihre konflikt- und anspruchsbeladene Beziehung zu ihrer eigenen Mutter in den Vordergrund der Gespräche, ebenso thematisierte sie ihre Isolation und sprach von Bindungsängsten Männern gegenüber. Insgesamt führte dieser erweiterte Betreuungsansatz dazu, daß Karl mit Unterstützung des Praktikanten immer mehr eigene Interessen entwickeln und durchsetzen konnte, und die Mutter über Lösungen nachdachte, wie sie sich besser der starken Beeinflussung und Kontrolle ihrer eigenen Mutter entziehen konnte.

Nach meinen Beobachtungen wenden sich viele Studenten nach Abschluß der Supervision mit neuem Elan und zielgerichteter Motivation der Verarbeitung theoretischer Ansätze zu, um die Praxis besser verstehen zu können. Ihren Niederschlag findet dieses neugeweckte Erkenntnisinteresse dann häufig in der abschließenden Diplomarbeit.

Wie schätzen die Studenten/-innen selbst ihre Supervision ein? Unter der Fragestellung »Was steht für mich im Vordergrund, wenn ich an den Lernprozeß in der Supervision denke?« habe ich die Studenten gebeten, zum Abschluß der Supervision etwas zu schreiben. Der nachfolgende Bericht einer Studentin gibt meines Erachtens die vorherrschende Tendenz wieder:
»Ich glaube heute, daß es bei dieser Art von Sozialarbeit sehr wichtig ist, sich mit anderen Menschen gezielt mit den Problemen, die sich daraus ergeben, auseinanderzusetzen. Doch was für mich bei dieser Supervision in erster Linie effektiv war, war nicht nur die Hilfe der anderen bei Problemen mit meinem ›Fall‹, sondern vielmehr die persönliche Auseinandersetzung mit den anderen. Ich habe erfahren, wie wichtig es ist, sich erst einmal im klaren darüber zu sein, welche Probleme man mit sich selbst hat, um positiv auf andere einwirken zu können. So kann ich sagen, daß die Supervision mich ein Stück weit in bezug auf mich selbst weitergebracht hat. Ich habe in dem Gespräch mit den anderen erfahren, wie ich innerhalb der Gruppe wirke, habe gelernt, mich besser einzuschätzen und auch durch die Schilderung der Probleme der anderen erfahren, wie vielschichtig und kompliziert sich die Arbeit mit Kindern und Jugendlichen darstellen kann. Wenn ich versuche, mich etwas von der ›Falldarstellung‹ zu lösen, so steht für mich im Vordergrund unserer Gespräche, daß ich es als befriedigend empfunden habe, mich einmal wöchentlich mit der Gruppe zu treffen. Ich hatte Vertrauen zu den Mitgliedern und akzeptierte und verstand ihre Art auf mich oder die anderen Probleme einzugehen. Oft empfand ich die Gespräche als anstrengend und aufreibend, aber nur im positiven Sinne, was ich mir durch meine emotionale Beteiligung erkläre.«
Ich glaube, hier wird deutlich, daß erst durch die Reflexion des eigenen Verhaltens der Weg geebnet wird, theoretische Konzepte, Methoden und Verfahren in das je individuelle Handeln zu integrieren (vgl. auch *Geissler/Hege* 1981). Das heißt, ohne berufsorientierte Selbsterfahrung und Aufdeckung biographisch wichtiger Erfahrungen bleibt die Handhabung von Methoden äußerlich und technisch kalt.

Institutionelle Einflüsse

Die Studenten können sich nicht frei für oder gegen Supervision entscheiden, denn sie ist Pflichtteil ihrer Ausbildung; frei sind sie dennoch in der Wahl ihres Supervisors. Wie wirkt sich dieser Zwang auf den Prozeß der Selbstreflexion aus?
Ich selbst habe hier bisher keine direkten Einschränkungen feststellen können, vermutlich, weil ich im Erstgespräch immer hervorgehoben habe, welche Bedeutung ich dieser Methode beimesse und erwarte, daß die Studenten den Wunsch mitbringen, hier etwas für sich klären zu wollen. Daraufhin haben sich einige Male Studenten für einen anderen Supervisor entschieden.
Durch die Kontroll-Supervision einer Kollegin habe ich allerdings erfahren, daß sich der Zwang zur Supervision belastend auswirken kann. Die Kollegin geriet speziell bei diesen Studentensupervisionen in den Druck, sich für ganz konkrete Lernschritte verantwortlich zu fühlen. Gleichzeitig spürte sie den Impuls zu kontrollieren und zu korrigieren. Ihr fiel auf, wie detailliert und umfangreich ihre Erläuterungen waren. Wenn der Reflexionsprozeß ins Stocken zu geraten drohte, übernahm sie wie selbstverständlich Funktionen und wurde aktiv. Dies alles umschrieb sie als ihr »Lehrerinnengefühl«.
Meiner Meinung nach drückt dieses Lehrerinnengefühl aus, wie stark das institutionelle Geschehen, gekennzeichnet durch Leistungs- und Bewertungsanforderungen, in die Supervision hineinwirkte.
Dazu ein Beispiel aus ihrer Arbeit: In der Einzelsupervision mit dem Studenten Werner manifestierten sich plötzlich unbewältigte Schulerlebnisse, nachdem sechs Sitzungen gut liefen. In der siebten Sitzung fragte sie ihn, ob er zum besseren Verständnis seiner Arbeit ein Bild von einem seiner Lieblingsjugendlichen zeichnen wolle, die er im Heim betreue. Der Student nickte und fing an, selbstverständlich und zügig eine Zeichnung anzufertigen. Nachdem er das Bild beendet hatte, wurde die Stimmung zwischen den beiden immer angespannter, was sich die Kollegin

zunächst nicht erklären konnte. In diese Spannung hinein fragte sie ihn ziemlich direkt, wie er denn sein Bild fände. Darauf platzte Werner heraus: »Ich finde das alles beschissen und habe keinen Bock mehr immer nur das zu tun, was andere von mir erwarten und fordern!« Der Student war sehr erregt und begann über seine Schulzeit zu sprechen. »In der Schule mußte ich immer aufpassen, sonst gab es Strafen und eben viel Ärger!« Ihm fiel jetzt auf, daß er sich immer noch so stark von den Dozenten und anderen Autoritäten abhängig fühlt, obwohl ihm das bestimmt keiner anmerken würde, da er »immer motzt und seine Meinung sagt, was das Zeug hält«. Er schien in der Supervision regelrecht entsetzt, daß er sich hier wieder herumkommandieren ließ und Sachen machte, die er eigentlich gar nicht machen wollte. Die Supervisorin ging weiter auf seine Schul- und Autoritätskonflikte ein. Daraufhin erzählte Werner sehr lebendig von seinem »Schulversagen«. Zweimal war er sitzengeblieben und danach haben seine Eltern lange Zeit nicht mehr mit ihm gesprochen, so enttäuscht waren sie von ihrem Sohn. Er fühlte sich abgeschoben und von allen unendlich verlassen, von Lehrern, Eltern und Mitschülern.

Die Mobilisierung alter Versagens- und Bewertungsängste eröffnete den Zugang, die Supervisionssituation als schulische Pflichtveranstaltung zu reflektieren. In den weiteren Sitzungen konnte Werner seine Wünsche und Bedürfnisse bedeutend selbstbewußter einbringen und sich auch angstfreier abgrenzen.

Meines Erachtens läßt sich das von der Kollegin wahrgenommene »Lehrerinnengefühl« als Gegenübertragungsgefühl verstehen: Durch die Ausbildungssituation werden sowohl alte Leistungs- und Bewertungsängste mobilisiert als auch neu verstärkt. Supervision ruft immer schon die Frage bei den Helfern wach, wie der Supervisor ihre Arbeit einschätzt und bewertet. Wenn die Supervision zusätzlich an eine Ausbildung gekoppelt ist, wundert es nicht, daß die Bewertungsangst zentral wird. Besonders Berufsanfänger können vermeintliche Kritik nicht durch den Hinweis auf eine längere praktische Erfahrung relativieren.

Wenn die Beobachtung richtig ist, daß Supervision im Rahmen

der Ausbildung – angebunden an eine Hochschule – quasi notwendig alte und aktuelle Leistungsängste und Autoritätskonflikte mobilisiert, dann sollte der Supervisor dies auch zum Gegenstand der Reflexion machen. Hier hat es ein von außen kommender Supervisor sicherlich leichter als ein Dozent, da er der Kränkung nicht ausgesetzt ist, als Lehrer kritisiert zu werden. Schwierig ist es in jedem Falle, die tiefliegende Schüler-Lehrer-Erfahrung, die sich in Studentensupervisionen aktualisiert, zu thematisieren und zu bearbeiten, da kein Supervisor sich gerne in der negativen Lehrerrolle sieht (vgl. *Hege* 1977). Je unvorbelasteter der Berater allerdings die negative Lehrerübertragung annehmen kann, desto besser können alte und aktuelle Leistungs- und Schulängste in der Supervision erlebt und reflektiert werden. Hierbei handelt es sich m. E. keineswegs um ein Randproblem von Sozialarbeiterstudenten, das man unter der Überschrift »Widerstandsbearbeitung« o. ä. abbuchen könnte, sondern um ein immanentes Berufsproblem von Sozialarbeit überhaupt. Denn auch der praktisch tätige Sozialarbeiter befindet sich in seiner Arbeit in dem Widerspruch zwischen »Zwang und Freiwilligkeit« (*Pühl* 1985). So begegnen ihm seine Klienten oftmals in der Situation, rechtlich festgelegte Leistungen fordern zu können. Aber gleichzeitig löst der Bittgang zum Sozialarbeiter eine Kränkung aus, die alte Autoritäts- und Bewertungsängste beim Klienten auslösen können. Mit diesen negativen Gefühlen muß auch der Sozialarbeiter umzugehen lernen, ohne sich selbst beleidigt oder abgelehnt zu fühlen.

II. Supervision an der Universität

Mit dem geänderten Berufsbild der Psychologen in den letzten Jahren hin zum »Klinischen Psychologen«, setzten sich langsam neue Ausbildungsvorstellungen durch. Das praxisbezogene Projektstudium verspricht die Vermittlung methodischer »Basiskompetenzen« für die angestrebte Berufspraxis und ebenso konkrete Ansatzpunkte, gesellschaftliche Verhältnisse durch die

Aufhebung des Theorie-Praxis-Widerspruchs zu untersuchen.
Im Gegensatz zur Fachhochschule ist das Projektstudium für die Studenten keine Pflichtveranstaltung, sondern ein Angebot, und als Supervisoren sind angestellte Dozenten tätig.
Zum besseren Verständnis etwas zu dem Projektbereich, in dem ich tätig bin. Es lassen sich grob zwei Phasen unterscheiden: In den ersten beiden Projektsemestern arbeiten die Studenten in einem Heim in der vergleichbaren Position eines Erzieherpraktikanten für mehrere Stunden wöchentlich. Hier können sie, ohne sofortigen Handlungsdruck, sich als kompetente Fachleute beweisen zu müssen, im Schutze einer durchorganisierten Institution, ihren persönlichen Neigungen entsprechend, mit den Kindern und Jugendlichen Kontakt aufnehmen, vertiefen oder auch erst einmal beobachtende Distanz halten. Gleichzeitig erfahren sie den Alltag eines Erziehers, erleben die institutionellen Einwirkungen auf das pädagogische Handeln. Dieses Praktikum wird durch Lehrende des Projektes sehr intensiv in Kleingruppen supervidiert. In der zweiten Phase bieten die Studenten nach einem Vorbereitungsseminar dann selbst Supervision an, und zwar jeweils zu zweit für eine Kleingruppe von Berufspraktikanten (Erzieher, Sozialarbeiter). Ziel dabei ist nicht die Ausbildung von Mini-Supervisoren, sondern exemplarisch in einem vertrauten Arbeitsbereich eine Beratung durchzuführen.
Ich selbst habe bisher nur Erfahrungen in der zweiten Phase sammeln können. Dies hat methodische Gründe, weil ich verhindern wollte, daß ich in Überschneidungssituationen komme, wo ich den Studenten gegenüber als Seminarleiter gegenüberstehe und einen Teil dieser Studenten in Kleingruppen supervidiere. Ich meine die Trennung hat sich bewährt.
In der ersten, sehr intensiven Supervision haben die Studenten einen Raum zu fallorientierter Selbsterfahrung. Über die ihnen nahestehenden Kinder und Jugendlichen können sie eigene Identifikationsprozesse und Abwehrformen erleben und bearbeiten. Regression ist nicht ausgeschlossen und erlaubt auch die Rückführung auf eigene nichtbefriedigte und konflikthafte frühe Erfahrungen. Dadurch wird auch die Distanzierung aus oftmals

sehr engen symbiotischen Beziehungen zu ihren Klienten wieder möglich. Die Differenzierung in eigene Wünsche und Bedürfnisse der betreuten Kinder ist ein wichtiger Schritt zur Ausbildung einer Helferkompetenz. Ohne daß dies explizit in den Supervisionen so benannt wird, erlernen die Studenten so, ihre eigene Persönlichkeit als Instrument der Hilfe einzusetzen, also ihre Gegenübertragung als diagnostisches Mittel zu sensibilisieren (vgl. auch *Kutter/Roth* 1981, 152ff.).

In der Identifizierung mit dem Supervisor erfahren sie, wie Supervision ablaufen kann, was ihnen hilft und was sie anders machen würden. Der Grundstein für die eigene spätere Tätigkeit als Berater wird hier gelegt.

Die zweite Phase, die Ausfüllung einer im weitesten Sinne exemplarisch-psychologischen Beratungstätigkeit, ist nicht nur durch große Ängste in die eigene Kompetenz begleitet, sondern läßt in der begleitenden Kontroll-Supervision auch nicht mehr das Maß an Regression zu. Selbsterfahrung verengt sich stark auf die Ausfüllung der gestellten Aufgabe. In meiner Rolle als Supervisor und Lehrender habe ich zudem die Projektinteressen im Auge. Die Kontakte zur Praxis sind wichtig, Anforderungen werden – wenn auch unformuliert – an uns gestellt. Im Wechsel von der eher regressionsfreundlichen Supervision in der ersten Phase zur Kontroll-Supervision, vollzieht sich für die Studenten m. E. auch ein wichtiger Entwicklungsschritt zu mehr Verantwortung und Selbstvertrauen. Daß die Supervisionen von unterschiedlichen Leitern durchgeführt werden, bietet für die Studenten die Chance, sich neu und anders zu erleben.

Nun klingt das vielleicht zu positiv. Denn ich führe hier eine Supervisorenposition aus, die ich eigentlich ablehne. An anderer Stelle habe ich ausführlich beschrieben, warum ich die Trennung zwischen Supervisor und Vorgesetztem – hier in der abgeschwächten Form als Dozent – ablehne (*Conrad/Pühl* 1983, *Pühl* 1984).

Zu Beginn meiner Tätigkeit an der Universität habe ich es als schwierig erlebt, mir durch ein klares methodisches Setting einen Rahmen zu schaffen, der mir Orientierung bietet und Auseinandersetzungen über die Rollenvermischung zuläßt. Als ich es ablehnte aus Seminaren, die ich leitete, gleichzeitig einen Teil der Studenten als Kleingruppe zu supervidieren, fühlten sich die Studenten durch mein methodisch begründetes Vorgehen abgelehnt und zurückgewiesen. Auch meine Kollegen verstanden zu Anfang nicht recht, warum ich das alles so komplizieren würde. Inzwischen haben sie sich meinem Vorgehen angeschlossen, da immer deutlicher wurde, daß Übertragungsprozesse aus der Supervision im Seminar ausagiert wurden und umgekehrt, ohne daß dies noch sinnvoll zu bearbeiten war.

Ein anderes Problem ist das Umgehen mit den institutionellen Einflüssen und latenten Autoritäts- und Bewertungsängsten – wie im vorigen Abschnitt beschrieben –, wenn man selbst Mitglied der Institution ist.

Kutter, der wohl die längste Erfahrung in dieser Richtung hat, weist auf die unbewußten Abwehrmechanismen hin, die im Verhältnis: Supervisor als Dozent und Studenten, entstehen können. Die in Arbeitsverhältnissen der Universität stehenden Beschäftigten kommen seiner Meinung nach leicht in Loyalitätskonflikte: Einerseits haben sie Prüfungs- und Bewertungsaufgaben wahrzunehmen, andererseits leiden sie gleichermaßen an den unmenschlichen Bedingungen der Massenuniversität.

Da Supervision vorzugsweise in kleinen, überschaubaren Gruppen über einen längeren Zeitraum stattfindet, stellt sie in der Tat ein Kontrastprogramm zum üblichen Universitätsbetrieb dar. Wünsche nach Kontakt, emotionalem Austausch, Sich-Kennenlernen werden wach und scheinen befriedigungsfähig.

Kutter (1983, S. 242) sieht die Gefahr, daß die Dozenten in dieser Konstellation »sich die latent subversiven Wünsche der Teilnehmer gegenüber den Repräsentanten der Institution zu eigen machen, also agieren«. Die Wünsche nach symbiotischer Verschmelzung in solch kleinen Gruppen sind dabei allemal im System angelegt: Leistungsängste und Profilierungsdruck führen sowohl bei Mitarbeitern wie bei Studenten zur Vereinzelung, so daß die affektiv geladene Kleingruppe als der geeignete Ort erscheint, den ungestillten Alltagshunger nach emotionalem

Austausch und angstfreier Kommunikation zu befriedigen. Die Supervisionsgruppe wird gleichsam zur emotionalen Kuschelecke im entfremdeten Massenbetrieb der Hochschule. Konflikte werden »solidarisch« ausgespart, Harmonie ist angesagt.
Ich selbst habe erlebt, wie das Nichteingehen auf symbiotische Verschmelzungswünsche mit Ärger und Wut auf mich beantwortet wurde: »Du hältst dich hier raus, zeigst nicht wie es dir geht. Man weiß gar nicht, was du fühlst und denkst!« Dabei ist gerade für die Studenten das emotionale Erlernen von Distanz und Nähe ihren Klienten gegenüber ein wichtiger Lern- und Erfahrungsschritt in der Ausbildung einer psychosozialen Beraterkompetenz. Dem Klienten einen Raum geben für die ihm gemäßen Entwicklungsschritte, ohne allzu starkes Einbringen der Vorstellungen und Haltungen des Helfers, so würde ich die bekannte Abstinenzregel verallgemeinernd für alle sozialen Berufe formulieren. Natürlich ist sie auch Leitlinie für den Supervisor. Der Protest gegen diese relative Zurückhaltung meinerseits ist mir durchaus verständlich, da sich in der Abstinenz gerade die berufliche Entfremdung manifestiert. Einerseits schützt sie den beruflichen Helfer vor übermäßiger emotionaler Verausgabung, andererseits stellt sie genau das Machtgefälle her, das Gegenseitigkeit verhindert, Parzellierung fördert und letztlich Mit-Ursache der Schwierigkeiten ist, die den Klienten zum Hilfesuchenden gemacht haben. Ferner keimt in der abstinenten Haltung die bürgerliche Ideologie, die den Ranghöheren durch bestimmte Privilegien belohnt und von daher das Streben nach gesellschaftlichem Aufstieg auf subtile Weise unterstützt. Berater und Ratsuchender bleiben genau dadurch getrennt; einsam bleiben schließlich beide, wobei der Ratsuchende sich allerdings in der rangniedrigeren Position minderwertig fühlen wird.
In letzter Zeit haben einige therapeutische Richtungen der humanistischen Psychologie – wie z. B. die Gestalttherapie – versucht, die Abstinenz der Therapeuten aufzuheben, indem auch er sich stärker mit seinen Gefühlen und Bedürfnissen in die Beziehung einbringen soll. An dem grundsätzlichen Problem dürfte sich hingegen wenig verändert haben, im Gegenteil: die gesellschaft-

lich vermittelten Machtstrukturen bleiben vernebelt und dadurch noch schwerer reflektierbar.
Ich bin auch nicht frei von den Wünschen nach Harmonie und spüre in mir durchaus symbiotische Bedürfnisse. Um sich dennoch davor zu schützen und konfliktfähig zu bleiben, ist es für mich wichtig, nach Wegen zu suchen, mich auf einer gleichberechtigten Ebene angstfrei austauschen zu können. Die tendenzielle Einsamkeit als Supervisor kann ich am ehesten durch die Zugehörigkeit zu einer Kollegengruppe überwinden.

Über endliche und unendliche Supervision

Wolfgang Schmidbauer

»Dementsprechend ist das Ziel der psychoanalytischen Behandlung . . . nicht die Herstellung oder Wiederherstellung eines Zustandes, irgendeiner erwünschten Norm. Vielmehr wird angestrebt, die Auseinandersetzung mit den Trieben, die ihrer Natur nach der Domestizierung entgegenstehen, und mit der Umwelt in Gang zu bringen, erstarrte, unbewegliche Verhältnisse in Bewegung zu bringen. Die endliche (therapeutische) Analyse soll sich in die unendliche (lebenslängliche Auseinandersetzung) verwandeln.

Paul Parin (1985)

Supervision hat sich geschichtlich an der Nahtstelle zwischen laienhafter und professioneller Kompetenz entwickelt, zuerst als Anleitung engagierter Laien in der Sozialarbeit einer Kirchengemeinde. Von dort aus eroberte sie sich ein breites, ungenau definiertes Arbeitsfeld. Heute gibt es so viele widersprüchliche Definitionen von Supervision, daß es mir sinnvoller erscheint, die Schwierigkeiten einer Eingrenzung zu diskutieren, als einen weiteren Definitionsversuch zu unternehmen.
Diese Schwierigkeiten hängen zunächst einmal damit zusammen, daß Supervision eine von ihrer Entstehung her unspezifische Kompetenz ist. Daraus läßt sich ableiten, daß Supervisoren große Schwierigkeiten haben, ihre Tätigkeit zu professionalisieren, d. h. sie aus diesem unspezifischen Zustand herauszuholen und ihr eine Anerkennung als spezialisierter Beruf zu verschaffen.

In der Praxis läßt sich dieser Konflikt beispielsweise an der Debatte ablesen, ob ein Sozialarbeiter mit Zusatzausbildung Supervision »kann«, ein Diplom-Psychologe ohne Zusatzausbildung (aber etwa mit einer Einzeltherapiequalifikation) jedoch nicht. In einer Zeit erhöhter Konkurrenz um schwindende Arbeitsplätze im sozialen Bereich gewinnen solche Abgrenzungen eine zusätzliche Bedeutung. Die Ausbildungen in Supervision spiegeln ebenfalls diese Entwicklung. Viele sind (analog zur Anerkennung der Lehranalytiker in den psychoanalytischen Instituten) von der Vorstellung geprägt, daß der berufserfahrene, an Lehrtätigkeit interessierte Profi an sich Supervision »kann«. Daneben gibt es aber inzwischen auch sehr intensive – teils akademische – Ausbildungen, die geeignet scheinen, einen neuen Spezialisten zu schaffen, der folgerichtig auf die nichtausgebildeten Supervisoren herabblickt. Das Feld ist so sehr in Bewegung, daß vielfach Ausbilder benötigt werden, die ihrerseits nicht die formale Qualifikation besitzen, zu der sie ihren Kandidaten verhelfen sollen. Auf diese Weise bin ich selbst mit der Supervisorenausbildung in Kontakt gekommen: Als Psychoanalytiker, der eine Balint-Gruppe für ausgebildete Supervisoren leitet, in der sich diese zum Balint-Gruppen-Leiter qualifizieren können.

Ich bin weder kompetent noch gewillt, in der Frage nach dem Bedarf für einen Supervisions-Spezialisten ein Urteil abzugeben. Aber ich bin überzeugt, daß nicht nur solche Spezialisten Supervision machen sollten, wenn dieses Arbeitsfeld nicht verarmen soll. Vielleicht wäre es sinnvoll, sich eher an dem Modell des Berufsschullehrers zu orientieren, der ebenfalls eine handwerkliche *und* pädagogische Qualifikation braucht. Das hieße auch, daß es den Universal-Supervisor für alle Sozialberufe nicht gibt, sondern daß Zusatzausbildungen für Erzieher, Sozialarbeiter, Pädagogen, Psychologen, Ärzte usw. geschaffen werden, die sie in ihrem jeweiligen Grundberuf als Supervisoren qualifizieren.

Bei diesem Vorschlag muß ich an Ivan Illichs Kritik an der Verschulung denken – und an meine persönlichen Erfahrungen in diesem ungeordneten Gebiet, die mir fehlen würden, wenn alles so geregelt wäre, wie zum Beispiel die Tätigkeit eines Berufsschullehrers oder eines Universitätsprofessors. Wozu aber überhaupt die Frage nach der Professionalisierung? Sie hängt eng mit dem Thema zusammen. Abgrenzbare und geordnete Dienstleistungen sind ein wesentliches Kriterium der Professionalität in der Industriegesellschaft, während die inhaltlichen Überlegungen zur Arbeit von »neuen Helfern« oder »Beziehungshelfern« (*Schmidbauer* 1983) eher dahin führen, nicht die Lösung von, sondern das Leben mit »Problemen« in den Mittelpunkt zu stellen.

Wo die emotionale Beziehung zum wichtigsten Arbeitsinstrument wird, wie bei den »neuen Helfern«, läßt sich nur schwerlich das überlieferte Modell des Lernens von »Stoff«, des Examens und damit der »fertigen Ausbildung« anwenden. Gleichzeitig ist aber dieses Modell viel besser bürokratisch einzuordnen. Daraus lassen sich viele Schwierigkeiten ableiten, die Supervisoren bekommen, wenn sie sich in einer Verwaltung legitimieren müssen. Es ist für den Verwaltungsfachmann schwer zu verstehen, daß Supervision nicht immer in festen Stundenzahlen von jedem dafür qualifizierten Fachmann abgewickelt werden kann, daß sich ein Team einen Supervisor von außen holt, obwohl der Dienstvorgesetzte ebenfalls die Ausbildung hat usw.

Da ich die Psychoanalyse und ihre Weiterentwicklungen (vor allem in der Balint-Gruppenarbeit und in der analytischen Gruppendynamik) für die derzeit differenzierteste Theorie des Subjekts halte, will ich hier untersuchen, welche Gesichtspunkte sich aus diesem Praxisbereich ableiten lassen. Vielleicht ist aus dem Gesagten bereits deutlich geworden, daß ich mir nicht viel von einer technokratischen Antwort auf die Frage erwarte, ob Supervision zeitlich begrenzt oder zumindest der Möglichkeit nach »unendlich« sein soll. Es wird immer von einer möglichst genauen Betrachtung des Einzelfalls abhängen, welche Antwort auf diese Frage sinnvoll ist. Gerade die Orientierung am einzelnen Fall und an den in und an ihm wachgerufenen Gefühlsinhalten macht ja das Wesen der Supervision aus – sonst wäre eine so aufwendige Lehr- und Lernsituation überflüssig. Allgemein anwendbare Techniken lassen sich auch durch Bildschirm oder Buch vermitteln.

Technische Feinabstimmung?

Ein mögliches Verständnis der Supervision ist, daß sie dem Supervisanden den »letzten Schliff« gibt, die »Feinabstimmung«. Ein Bild dafür wäre eine hochwertige Stereoanlage, deren Bestandteile zwar fertig ausgebildet sind, jedoch erst auf den Raum (seine Größe, die Beschaffenheit des Bodens und der Wände) abgestimmt werden müssen. So könnte man auch davon ausgehen, daß der theoretisch fertig ausgebildete Professionelle erst in der Supervision lernt, sein Instrumentarium auf die konkrete Situation abzustimmen, in der er tätig ist. Supervision wäre eine wiederentdeckte Form der Lehre, die seit Urzeiten praktiziert wird, und die im Handwerk auch heute noch unersetzlich ist. Eine auf die Spitze getriebene Akademisierung hat sie in einem ersten Schritt verdrängt, so daß der Praxisbezug jetzt in einem zweiten Schritt wieder eingeführt werden muß. Beispiel: Der Medizinstudent, der lange Zeit vor allem auf die Beantwortung von multiple-choice-Fragen hin lernt, muß in einer Balint-Gruppe erfahren, wie er mit lebendigen Menschen umgeht, da er eben nicht mehr vorwiegend neben und mit anderen Ärzten praktische Kenntnisse erarbeiten kann.
Aber erfaßt diese Feinabstimmung das Wesen der Supervision? Ich glaube es nicht. Es ist nützlich, Techniken kennenzulernen, und sinnvoll, sich in ihrer Anwendung zu vervollkommnen. Aber je wichtiger die Gefühlsbeziehung zwischen Helfer und Klient ist, desto problematischer wird eine solche Betrachtungsweise. Der Handwerker, der somatisch vorgehende Arzt, in gewisser Weise auch der Lehrer unbelasteter und wißbegieriger Kinder können sich auf möglichst wirksame und störungsfreie Anwendung von Techniken konzentrieren, denn ihre Instrumente, ihre

Werkzeuge sind rational kontrollierbar und unveränderlich. Der Erzieher, der Sozial- oder Heilpädagoge, der Psychotherapeut und viele andere, die in der einen oder anderen Form emotional gefordert sind, die ihre ganze Person als Heil- und Hilfsmittel einsetzen sollen, sie können nicht mehr damit rechnen, daß diese Person zu einem vollkommen rational funktionierenden Werkzeug wird. Aber auch dort, wo die Rationalisierung sich weitgehend durchgesetzt hat, wünschen sich viele Betroffene mehr Gefühlsbeziehung, mehr emotionales Engagement, mehr Familie und weniger Fabrik. Die Durchrationalisierung von Schule, Universität und Krankenhaus sehen wir heute nicht mehr durchweg als Fortschritt.

Emanzipation

Die Vorstellung der Feinabstimmung ist in Harmonie mit den Funktionsprinzipien der Industriegesellschaft. Aber da die sozialen Berufe direkt oder indirekt mit dem Scheitern von Menschen an diesen gesellschaftlichen Prinzipien befaßt sind, liegt es nahe, daß sie auch Sensibilität für deren destruktive Seiten erwerben und aus ihr eine kritische Gegenposition entwickeln. Je mehr sich die Supervision aber mit dem emanzipatorischen Anspruch einer kritischen Gesellschaftstheorie identifiziert, desto stärker läuft sie auch Gefahr, ihre Nähe zur Praxis wieder zu verlieren. Der Zwischen- und Vermittlungsposition des Supervisors entspricht es meiner Ansicht nach am ehesten, wenn er beide Fragestellungen im Auge behält: welche persönlichen, emotionalen, beziehungsbestimmten Probleme rationalisiere ich jetzt mit gesellschaftspolitischen Erwägungen – und umgekehrt: welche politischen, strukturgebundenen Probleme individualisiere, emotionalisiere und psychologisiere ich? Dann sitzt der Supervisor zwischen den Stühlen, auf denen die sitzen, die immer im Recht sind und genau wissen, wo's lang geht.

Kontrolle

Was heute Supervision heißt, hieß früher oft Kontrolle. »Kontrollstunden« wurden seit den zwanziger Jahren in der psychoanalytischen Ausbildung am Berliner Institut (das viel strengere Anforderungen stellte als Freuds Wiener Kreis) vorgeschrieben. Inhaltlich unterschieden sich die Kontrollstunden wenig von Supervision. Weshalb ist Kontrolle heute in Verruf geraten? Es mag mit den Zweifeln an der Technik zusammenhängen, zu deren grundlegenden Prinzipien die Kontrolle gehört. Aber mit der Austreibung des Wortes ist natürlich Supervision keineswegs ohne Kontrollfunktion. Oft ist sie sehr deutlich, wie bei der Supervision durch Vorgesetzte. Oft wird sie von einer Seite (meist vom Supervisor) verleugnet, gelegentlich auch von beiden Seiten. Wesentlich scheint mir, daß sich die Beteiligten über das Ausmaß der Kontrolle und die möglichen Konsequenzen einigen können. Entscheidet der Supervisor (mit) über die berufliche Eignung, die Karriere, den Zeitpunkt, zu dem eine Ausbildung als abgeschlossen gelten darf? Kann er seine Eindrücke offen mitteilen, oder werden sie ohne Wissen des Supervisanden in einem anderen Gremium verhandelt?

Die Versuche, die Kontrollfunktion aus der Supervision herauszunehmen, haben nicht immer positive Folgen. Zum Beispiel ist es in der analytischen Ausbildung seit langem üblich, daß in den Kontrollstunden keine Entscheidung mehr getroffen wird, wieviel Supervision ein Kandidat benötigt. Diese Kontrolle übernimmt das Institut, das eine feste Stundenzahl pro Patientenstundenzahl vorschreibt. Auf den ersten Blick scheint das erfreulich. Der Kandidat kann sich unbelastet über seine Arbeit auseinandersetzen, den Rat des erfahrenen Kontrollanalytikers einholen. Wie der Fall ausgeht, welchen Eindruck der Kontrollanalytiker hat, bleibt ohne formale Folgen: nachgeprüft wird nur die Stundenzahl.

Aber auf diese Weise geht auch der individuelle Spielraum beider Beteiligten weitgehend verloren. Es ist nicht mehr möglich, einem Kandidaten die Kontrolle zu erlassen, weil er sie offenbar nicht braucht, und einem anderen eine Überwachung zu empfehlen, die über das vorgeschriebene Stundenmaß hinausgeht. Wer mit Ausbildungsteilnehmern spricht, hat oft den Eindruck, daß die Supervisionsstunden ein sinnentleertes Ritual geworden sind, für beide Beteiligten gleich öde, geschaffen, um dem abstrakten Anspruch an einen »Ausbildungsstand« zu genügen. Der fertige Ausbildungsteilnehmer läuft dann Gefahr, für sein Leben lang jede Kontrolle abzulehnen, obwohl sie ihm vielleicht dann, wenn er sie freiwillig sucht, viel mehr geben könnte, als es in der vorgeschriebenen Supervision möglich war.

Gerade bei den Beziehungshelfern ist eine Überwachung sehr schwierig. Sie läßt sich nicht, wie in der Industrie, an formalen Kriterien (zum Beispiel Umsatz, Profitrate) gewinnen. Auch die Beurteilung durch den Vorgesetzten, die in Bürokratien diese Aufgabe übernimmt, ist vielfach nicht möglich (gerade bei Ärzten und Psychotherapeuten, aber auch in anderen Sozialberufen, deren Teamstruktur keine klare Hierarchie mehr enthält). Die »Nutzerkontrolle«, d. h. die Überwachung durch die Betroffenen, stößt auf große Schwierigkeiten, weil diese ihre Kritik oft nur auf eine diffuse, schwerverständliche Weise ausdrücken (etwa durch Wegbleiben, durch vermehrten Alkoholkonsum, durch mangelnde Mitarbeit). So sind die Teamkollegen sehr wichtig, um dem Helfer eine Rückkoppelung über seine Arbeit, seine blinden Flecke zu geben. Solche Rückkopplungsprozesse einzuleiten und zu fördern, ist eine wesentliche Aufgabe der Supervision. Sie führt dazu, daß die Arbeit der Helfer im Interesse der Nutzer kontrolliert wird. Wo diese Kontrolle gegenseitig ist, kann sie nicht so undurchsichtig und potentiell willkürlich werden wie im Rahmen einer Hierarchie.

Einfühlung

»Supervision ist der Versuch, die Fähigkeit zur Einfühlung unter schwierigen Bedingungen aufrechtzuerhalten«, schrieb ich auf der Tagung »Was ist und was bewirkt Supervision?« im Sommer

1984 auf eine Wandtafel. Dort sollten die Teilnehmer das widersprüchliche Spektrum vorhandener Definitionen erweitern. Einfühlung ist ein wichtiges Mittel, sich in Beziehungen zu orientieren, eine allgemeine Voraussetzung psychohygienisch erfolgreicher Arbeit in Erziehung, Bildung oder Therapie. In der neueren Diskussion der Psychoanalyse (Kohut, Kernberg) wird Einfühlung mehr hervorgehoben als früher. Besonders betont sie Carl Rogers, gegen den ich allerdings einwenden will, daß er manchmal die Empathie an die Stelle einer theoretischen Analyse setzt, während ich überzeugt bin, daß die theoretische Analyse, z. B. der Widersprüche zwischen Trieb und Gesellschaft, erst die Voraussetzungen schafft, um sinnvolle Freiräume für Einfühlung aufzufinden oder zu erschließen.

Ich habe oft nützlich gefunden, mir klarzumachen, daß die Aufgabe der Supervision häufig »negativ« ist. Sie muß Hindernisse beseitigen, die im Erleben des Supervisanden bestehen und ihn dabei blockieren, seine vollen Fähigkeiten anzuwenden. Professionelle Überidentifikationen können dann abgebaut und die von ihnen verschüttete, aber unentbehrliche natürliche Kontaktfähigkeit wieder freigelegt werden. Die Aufgabe der Supervision liegt darin, die Gefühle des Berufsanfängers so zu schützen, daß er sie nicht in einer Reaktionsbildung völlig blockiert und damit zu einem der vielen ausgebrannten, kaltschnäutzigen Profis wird, die es in Pädagogik, Sozialarbeit, Medizin und Psychotherapie in reichem Maße gibt. Der Berufsanfänger glaubt oft, daß sich seine Klienten durchweg helfen lassen wollen, daß sie »motiviert« sind. Wenn er nun das Gegenteil erlebt, kann es geschehen, daß er die Auseinandersetzung mit der widerspruchsvollen Situation eines Klienten, der sowohl »gesund werden« wie »krank bleiben« oder »lernen« und »nicht lernen« will, insofern vereinfacht, als er ein grundsätzliches Mißtrauen entwickelt. Während er sich zuerst nicht vorstellen konnte, daß jemand ihn belügt und »linkt«, geht er jetzt davon aus, daß ihn alle betrügen wollen. Während er früher glaubte, alle Kinder hätten nur darauf gewartet, daß er sie belehrt, nimmt er jetzt an, daß kein Kind wirklich etwas von ihm wissen will.

Erfahrungen

Ich will jetzt die Frage der endlichen – unendlichen Supervision an konkreten Beispielen aus meiner eigenen Arbeit weiterverfolgen. Sie erfaßt die folgenden Bereiche:

1. Supervision in der psychoanalytischen Ausbildung (einzeln und in Gruppen).
2. Balint-Gruppen (zum Teil in Institutionen).
3. Teamsupervision und Institutionsentwicklung.

Meine analytische Supervision ist »unendlich« in dem Sinn, daß mir eine leiterlose Kollegengruppe in der Praxis längst zu einer wichtigen Hilfe geworden ist, die ich nicht missen möchte. Ich habe mir angewöhnt, dort nicht nur (aber vorwiegend) meine Analysanden einzubringen, sondern auch persönliche Probleme, die mich so stark belasten, daß ich sie nicht mehr »abschalten« kann. Die Patienten werden vor allem dann besprochen, wenn die Arbeit sehr schwierig ist oder der Verlauf einer Therapie viel Angst macht. Diese Form der analytischen Supervision gefällt mir persönlich besser, scheint mir fruchtbarer, als die Zwangssupervision, die ich während meiner Ausbildung kennenlernte und nicht immer nützlich fand, – am wenigsten in einer Situation, in der die Arbeit mir aufdiktiert wurde, um meine Qualifikation als Lehranalytiker nachzuweisen. Hier habe ich am eigenen Zustand erlebt, wie problematisch solche Forderungen auf dem Gebiet der Beziehungsarbeit sind. Ich selbst fühlte mich während der Zwangssupervision unwohl und unter Leistungsdruck, den ich dadurch zu bewältigen suchte, daß ich viele Informationen ablieferte und mich dahinter versteckte. Die supervidierte Analyse litt darunter, daß ich die Einfälle des Klienten trotz meiner Versuche, es nicht zu tun, unter dem Gesichtspunkt sortierte, welchen Eindruck sie auf den Supervisor machen würden. Nützlich an dieser für alle Beteiligten unbehaglichen Erfahrung fand ich immerhin, daß meine Einfühlung für die Leiden eigener Supervisanden, die durch die Routine der eigenen Lehrtätigkeit und den großen Abstand zu den Berufsanfängern gelitten hatte, wieder aufgefrischt wurde.

Bei den beiden Kollegen-Supervisionsgruppen, an denen ich teilgenommen habe, hatte ich den Eindruck, daß erfahrene und selbstsichere Therapeuten mehr von dieser Form der Supervision profitieren als unerfahrene und/oder unsichere. Ein schwerwiegendes gruppendynamisches Problem solcher leiterlosen Gruppen ist darüber hinaus die »Lösung« von Gruppenkonflikten durch Wegbleiben oder die Aufnahme neuer Mitglieder. Da kein Leiter da ist, der solche Formen des Ausagierens aufdeckt, vergeht oft viel Zeit, bevor eine Kollegengruppe ihre eigene Dynamik entdeckt. Manchmal ist sie dann schon schwer gestört, entscheidend wichtige Mitglieder kommen nur noch ganz unregelmäßig, neue fühlen sich in einer krisengeschüttelten Gruppe unwohl.

Dennoch sehe ich die Supervision in einer Kollegen-»Selbsthilfegruppe« nicht als notdürftigen Ersatz einer »richtigen« Balint- oder Supervisionsgruppe bzw. Einzelsupervision. Wenn schon verglichen werden muß, würde ich eher umgekehrt argumentieren und die von einem Spezialisten geleitete Supervision als Anstoß zur und Ersatz der kollegialen Supervision ansprechen.

Für unsere Kollegensupervision hat sich ein fester, wöchentlicher Termin und eine gewisse Verbindlichkeit (wer fehlt, sagt ab) herausentwickelt. Anfangs gingen wir freier miteinander um, machten Ausflüge, gingen zusammen essen oder besuchten uns gegenseitig zu Hause. Heute wird dieser private Kontakt manchmal vermißt. Eine regelmäßige wöchentliche Supervisionszeit von etwa anderthalb Stunden wird heute eingehalten. Organisationsfragen (beispielsweise die neue Putzfrau für die Praxis) werden vorher oder nachher geklärt, wenn möglich. Das war früher anders. Ein inzwischen ausgeschiedenes Gruppenmitglied stellte die Besprechung solcher Fragen immer wieder in den Mittelpunkt. Dennoch möchte ich die damalige, chaotische Form gegenseitiger Supervision nicht missen. Sie hat dazu beigetragen, daß wir uns näher kamen und auch ein gewisses Gefühl dafür entwickelten, was geht und was nicht. Die strukturellen Bedingungen für ein hohes Maß an Offenheit sind günstig. Es gibt keine Abhängigkeitsverhältnisse, alle Mitglieder sind frei praktizierende Therapeuten und Mieter der gemeinschaftlich genutzten Räume. Ungleichheiten im Status (einige sind Lehranalytiker, andere nicht) haben mich noch nicht gestört, was aber möglicherweise daran liegt, daß ich in diesem Punkt eher zur privilegierten Gruppe gehöre.

Balint-Gruppen

Wieviel stärker der Druck in Richtung auf ein eindeutiges Kosten-Nutzen-Verhältnis wird, wenn kollegiale Supervision beruflich organisiert ist, wird aus dem Vergleich meiner Erfahrungen in Balint-Gruppen mit dieser Selbsthilfegruppe deutlich. Zum Beispiel hat sich für die Kollegengruppe nie die Frage gestellt, wieviel Selbsterfahrung in die Arbeit an einem Fallbeispiel einfließen soll. In Publikationen über Balint-Gruppen (*Clyne* 1984, *Eicke* 1984) wird immer wieder davor gewarnt, eine Balint-Gruppe in eine Selbsterfahrungs- oder Psychotherapiegruppe »entarten« zu lassen. Gründe dafür werden entweder nicht genannt (wie von Eicke) oder durch Berufung auf Balints Autorität überflüssig gemacht.
Mir scheint, daß diese Versuche, Balint-Gruppen als etwas ganz Spezifisches darzustellen, mit einer Abgrenzung der Medizin von den übrigen helfenden Berufen zusammenhängen. Während meiner Ansicht nach (die sich an Freuds Aufsatz zur Laienanalyse orientiert) die Psychoanalyse sich möglichst von einer Beschränkung auf eine rein medizinische Verwendung schützen sollte, wird sie durch diese Konzentration auf die Arzt-Patient-Beziehung und den Verzicht auf eine umfassende Reflexion der berufsimmanenten Gegenübertragungen (etwa des »Helfersyndroms«) auch innerhalb der Balint-Gruppe »medikalisiert«. Clyne sagt das auf seine Weise sehr deutlich: »Balint zeigte, daß das am häufigsten verwendete Medikament in der Allgemeinpraxis der Arzt selber ist. Aus diesem Konzept heraus entstand

notwendigerweise das Bedürfnis, die Pharmakologie des Medikaments ›Arzt‹ im Verhältnis zu seinem Substrat, dem Patienten, zu studieren. Balint und seine Mitarbeiter entdeckten, daß der Arzt im Verhältnis zu seinem Patienten – wie jedes andere Medikament – Indikationen aufwies« (*Clyne* 1984, S. 35).

Clyne bemerkt später durchaus, daß die Balint-Gruppen die »apostolische Funktion des Arztes« (*Balint* 1964) mildern, Vorurteile und festverankerte Umgangsformen lockern, emotionale Rigidität in Frage stellen sollen. Aber sein Gleichnis mit der Pharmakologie der Droge Arzt zeigt, wie sehr die Gefahr droht, daß nicht die Balint-Arbeit die technische Struktur der Medizin in Frage stellt und teilweise auflöst, sondern daß umgekehrt diese technische Struktur die Balint-Arbeit vereinnahmt, wie es ihr nach Ansicht mancher Psychoanalytiker bei der analytischen Therapie bereits gelungen ist (*Lohmann* 1982, 1983). Es ist wie bei dem Witz vom todkranken Versicherungsagenten, dessen Angehörige einen Pastor rufen, um die günstige Gelegenheit einer Bekehrung wahrzunehmen: Der Versicherungsvertreter bleibt gottlos, aber der Pastor geht versichert weg.

Die meisten Autoren, deren Publikationen über Balint-Gruppen ich gelesen habe, bekennen sich mehr oder weniger deutlich zu den »negativen« Aufgaben: die starre professionelle Fassade soll gelockert werden (Clyne, E. Balint, H. H. Dickhaut), der Arzt soll seine naive, mitmenschliche Reaktions- und Beziehungsfähigkeit, die er während des Studiums unterdrücken lernte (*Bollinger u. a.* 1981), deutlicher erleben, ernster nehmen, gezielter einsetzen. Daher wird in der Gruppe das Erleben und die Auseinandersetzung der Teilnehmer immer auch wesentlicher sein als Belehrungen von seiten des Leiters, die eher geeignet sind, eine neue Fassade aufzubauen.

Meine eigene Auffassung der Balint-Arbeit hängt damit zusammen, daß ich schon vor meiner psychoanalytischen Ausbildung mit gruppendynamischer Selbsterfahrung beschäftigt war und es daher nahelag, Konzepte von Sensitivitätstraining und analytischer Gruppendynamik (*Schmidbauer* 1972) in die berufsorientierte Selbsterfahrung aufzunehmen.

Meine Ausgangssituation ist eine andere als die des Psychoanalytikers, der normalerweise mit Einzelpatienten arbeitet und nun eine Gruppe übernimmt, um das psychologische Element in der Medizin zu unterstützen. So war es bei Balint selbst und wurde von ihm her in den Balint-Gruppen Tradition. Zum Zusammenprall der Gruppenselbsterfahrungs- und der Balint-Tradition fällt mir der Ausspruch einer Gruppendynamikerin ein, die mit einem Arzt eine Balint-Gruppe leitete: »Wenn der X. mit den Ärzten arbeitet, habe ich oft das Gefühl, daß sich die in ihrer medizinischen Abwehr gegenseitig bestärken!« Andererseits beschreiben klassische Balint-Gruppenleiter Selbsterfahrungselemente als »Durchbruch von Regression«, gegen die der Leiter strenge Abstinenz halten müsse (*Eicke* 1984).

Die Gruppe soll »patientenzentriert« sein, der Arzt »sollte die Gefühle, die ein Patient in ihm erweckt, als Symptom desselben ansehen«, denn die »Arzt-Patient-Beziehung ist häufig ein Modell der allgemeinen Beziehung des Patienten zu seiner Umwelt« (*Labhardt* 1984, S. 63). Damit bleibt der Arzt, wie es seinem Rollenbild entspricht, »draußen« – er verfeinert seine Subjektivität zu einem Instrument, das genauso objektiv ist wie früher. Hier besteht nur noch wenig Unterschied zu einem Psychiater, der sein »Praecox-Gefühl« zu einem wesentlichen Merkmal der Schizophrenie seiner Patienten machen wollte (*Rümke* 1958).

Unter dem Blickpunkt der endlichen/unendlichen Supervision läßt sich sagen, daß die angeblich »methodische« Balint-Arbeit ein Versuch ist, die Umwandlung der endlichen technischen Verbesserung eines Professionellen in die unendliche Selbstreflexion aufzuhalten. Wenn die Gesichtspunkte der berufsbedingten Deformation als Qualifikation (*Bollinger u. a.* 1981, *Schmidbauer* 1983) nicht ausgeklammert werden, wird aus dem laut Ausbildungsordnung (die es inzwischen auch für Balint-Gruppenleiter gibt) nach zwei Jahren abgeschlossenen »Entwicklungs- und Läuterungsprozeß« (*Labhardt* 1984, S. 63) eine dauernde Auseinandersetzung mit einem unlösbaren Widerspruch des helfenden Berufs. Das Ziel ist es dann wiederum, die

Einfühlungsfähigkeit unter widrigen Umständen nicht zu verlieren und ein Ideal fertiger, technischer Perfektion aufzugeben, das den Helfer zur Maschine zu machen droht. Übrigens scheint Balint in seiner Praxis durchaus diesen Schritt zur unendlichen Supervision getan zu haben. W. L. Furrer fragte ihn einmal, um einen Anhaltspunkt für seine eigene Tätigkeit zu gewinnen, wie viele Jahre seine erste Balint-Gruppe mit ihm gearbeitet habe. »Sie arbeitet immer noch!« war die Antwort, und etwas verlegen setzte Balint hinzu: »Aber das ist mein Problem.« (*Furrer* 1984, S. 107 – Diese Gruppe war über zehn Jahre zusammen.)

Die Klinik-Balint-Gruppe

Meine eigene Entwicklung als Supervisor hängt eng mit einer Gruppe zusammen, die vielleicht auch so lange arbeiten wird wie die von Balint. Die Vorgeschichte war die, daß ein Arzt, der mich von seiner Ausbildung her kannte, vor neun Jahren die Mitarbeiter dieser Klinik (die sich mit Psycho- und Soziotherapie befaßt) von der Notwendigkeit einer Klinik-Balint-Gruppe überzeugte. Ich war in der Anfangsphase sehr froh darüber, daß ich von meinen gruppendynamischen Erfahrungen her an stürmische Auseinandersetzungen gewöhnt war. Gleichzeitig machte mir die Dynamik der Gruppe Angst. Ich kam nur einmal die Woche für zwei Stunden und fühlte mich von vielem ausgeschlossen, was ich gerne gewußt hätte, um die Auseinandersetzungen besser zu verstehen.

»Sie sind der, der die Therapeuten therapieren soll«, begrüßte mich eine Frau im Flur. Immer wieder hatte ich das Gefühl, zu scheitern, wenn es um Konflikte innerhalb der Institution ging. Gleichzeitig versprach ich mir nichts davon, diese abzuwürgen, um jeden Preis Fallarbeit zu machen. Ich hatte bisher keine Erfahrung mit Gruppen in Einrichtungen. Meine Selbsterfahrungs- und Therapiegruppen hatten keine institutionalisierten Kontakte außerhalb der Sitzungen, keinen Arbeitszusammenhang, es bestand ein Konsens, Konflikte zu bearbeiten, sich selbst zu öffnen und besser kennenzulernen. Das war hier nicht so. Die Angst der Therapeuten voreinander war viel stärker ausgeprägt, Fronten vorwurfsvoller Haltungen prallten aufeinander. »Das muß sich in einem Jahr ändern, oder du gibst es auf«, sagte ich mir damals. Manchmal, wenn sich die Gruppe und ich müdegekämpft hatten, kamen wir auch dazu, einen Fall vorzustellen und die Therapeut-Klient-Beziehung zu durchleuchten. Dann hatten alle ein Erfolgserlebnis.

Heute bin ich froh darüber, daß ich mich damals dieser Situation gestellt habe und allmählich meine eigenen Mittel entwickeln konnte, mit ihr umzugehen. Mir scheint, daß solche Erfahrungen in der psychosozialen Arbeit unentbehrlich sind. Sie führen dazu, Lösungen zu entwickeln, die wirklich auf einen selbst zugeschneidert sind, und nicht nach vorgefertigten Regeln zu arbeiten. Es ist paradox, das Balint die »Droge Arzt« entdeckt hat und in der Aufstellung von Balint-Gruppenleiter-Ausbildungen und Anweisungen zur Balint-Methodik die »Droge Leiter« wieder vergessen wurde. Balints Arbeitsweise war für ihn deshalb so richtig, weil er selbst sie in der Verarbeitung einer neuartigen Erfahrung entwickelt hatte. Ohne diese Erfahrung, aufgrund eines Regelverständnisses, Reglementierungen und Normen aufzustellen, die aus allen Balintgruppenleitern kleine Balints machen sollen, scheint mir sehr fragwürdig. Sie widerspricht in ihrer Form dem Inhalt, den sie lehren will.

Auch aus Gründen der Diskretion will ich hier nicht die Konflikte in der Klinik-Balint-Gruppe besprechen, sondern meine eigenen. Sie geben vielleicht Aufschluß darüber, wie sich meine eigene Perspektive von der endlichen zur unendlichen Supervision entwickelt hat.

»Haben sie es immer noch nicht begriffen?«

Zu Beginn hatte ich bereits eine klare Vorstellung von Fallarbeit, von Gruppendynamik, und eine vage Bereitschaft, mich auf die besondere Situation in einer Institution einzulassen. Ich wertete die Fallarbeit als das Entscheidende und die institutionelle Problematik als vorläufig noch bestehendes Hindernis, das einer ruhigen Fallarbeit im Wege stand. Ich gab mir eine gewisse Zeit, mit diesem Hindernis fertigzuwerden und dann ein für alle Mal in den ruhigen Hafen der Fallarbeit einzusegeln. Die Realität war anders. Widerwillig und daher sicher mit einem langsamen Lerntempo fand ich mich damit ab, daß die Teamkonflikte nicht verschwanden. Sie kehrten zyklisch wieder, statt sich linear auflösen zu lassen. Neue Mitarbeiter kamen und hatten dieselben Schwierigkeiten wie die ausgeschiedenen, alten. Die Widersprüche in der Institution selbst – unklare Machtverteilung, teamorientierter Führungsstil ohne echten Konsens darüber, verschiedene Gehaltsgruppen trotz inhaltlich und gegenüber den Patienten »gleichwertiger« Arbeit – fielen mir Schritt für Schritt auf. Aber ich war zu sehr an meine Rolle als psychoanalytischer Gruppenleiter gebunden, um sie aktiv anzusprechen.

»Jetzt machen wir aber eine Zeit lang nur Fallarbeit«

Ob durch meine Hilfe oder ohne sie – nach einigen Monaten war der Anfangskonflikt, der die Klinik in zwei verfeindete Lager teilte und bis zu Gruppen-Kündigungsdrohungen eskaliert war, beigelegt. Die Lösung entsprach meinen psychologisch-weltfremden Vorstellungen nicht ganz (eine Mitarbeiterin hatte gekündigt – »der Gruppenleiter muß sich vor den Sündenbock stellen«, hatte ich gelernt – aber dieser Sündenbock war gar nicht in die Gruppe gekommen, wo hätte ich mich da hinstellen können?). Aber allmählich kehrte mehr Ruhe, mehr Gelegenheit zur Reflexion in die Gruppe ein. Irgendwann verschwanden die Tische, die wie bei der Klinikkonferenz immer noch in der Mitte gestanden hatten. Irgendwann wurde ein Rauchverbot eingeführt. In dieser Phase beschloß die Gruppe, von mir unterstützt, die leidigen, schwer lösbaren Teamkonflikte draußen zu lassen und nur noch Fallarbeit zu machen. Und so segelten wir eine längere Zeit in diesem ruhigen Fahrwasser, ich fühlte mich kompetent, die verdrängten Widersprüche innerhalb der Einrichtung stauten sich an. Darauf kamen wir aber erst viel später.

»Die Balint-Gruppe hat versagt«

Ich will nicht bei den Erfolgsberichten verweilen, die es auch aus dieser Gruppe gäbe, sondern zu einer tiefen Krise kommen, in der ich oft daran dachte, aufzugeben. Überlegungen wie »Ich kann doch jetzt nicht aufhören, wo das Schiff leck geschlagen ist«, aber auch: »Wenn es jetzt noch weitergeht, bin ich aber gespannt, wie?« hielten mich bei der Stange. Die Gruppenmitglieder saßen schweigend und mißtrauisch herum. Jede Sitzung mußte ich von neuem den Vorwurf aushalten, daß ich oder die Gruppe versagt hätte. Dabei fühlte ich selbst mich kaum weniger von der Einrichtung verraten. Ein Konflikt, der seit langen Jahren zwischen zwei wichtigen Mitarbeitern schwelte, war nicht in der Gruppe ausgetragen worden, sondern autoritär von seiten des Trägers und Arbeitgebers durch eine Kündigung gelöst worden. Mißtrauen, Wut, Enttäuschung und Depression beherrschten die Szene. Einige Mitarbeiter straften, was an der Institution am leichtesten zu strafen war: die Gruppe – und kamen nicht mehr. Ich grübelte, ob ich mein Amt in die Waagschale werfen sollte: Noch einmal so eine Form indirekter Auseinandersetzung, und ich trete zurück! Es kam mir lächerlich vor. Aber schrittweise, motiviert durch den Vorsatz: »Das soll mir nicht nochmal passieren«, beschloß ich, die institutionellen Bedingungen gezielt und aktiv einzubeziehen, über die individuelle Reflexion der Beziehungsprobleme von »Helfern untereinander« (*Schmidbauer* 1977) hinaus. In meiner analytischen Sprache ausgedrückt: Ich wollte in Zukunft davon ausgehen, daß die Machtstruktur der Institution nicht wie das persönliche Unbewußte spontan an die Oberfläche drängt und der Analytiker durch gewährendes War-

tenlassen schon hinter die verborgenen Inhalte kommt. Ich wollte immer dann, wenn ich Verdacht schöpfte, aktiv nachfragen, institutionelle Regelungen mitreflektieren und Machtfragen, Zuständigkeiten, bürokratische Abläufe nicht nur dann einbeziehen, wenn sie von seiten der Mitarbeiter, da die Fallarbeit störend, eingebracht wurden, sondern auch schon dann, wenn ich nur den Verdacht hatte, daß es so sein könnte.
Ich vermute, daß sich einigen Balint-Gruppenleitern die Haare sträuben, wenn sie hören, daß wir Angelegenheiten besprochen und aus der harmonischen Soße des »wir werden uns schon irgendwie einig werden« herausgeholt haben wie: Wer stellt neue Mitarbeiter ein? Wer redet mit ihnen über den Ablauf der Probezeit? Hat der Chefarzt ein Vetorecht? Haben die Teams ein Vetorecht? Können sich Teams auflösen und neu bilden? Ich höre meine Freunde unter den Balint-Leitern, die mich noch nicht als schwererziehbar aufgegeben haben, sagen: »Aber dann nenn es doch nicht Balint-Gruppe! Nenn es Teamsupervision oder institutionelle Selbsterfahrung!« Vielleicht sollte ich sagen: Wir haben als Balint-Gruppe angefangen, und was daraus geworden ist, das ist *mein* Problem. Inzwischen sind von den fünfzehn Mitgliedern der Gruppe nur noch drei ebensolange in dieser Einrichtung tätig wie ich. Dennoch bin ich noch immer neugierig, wie's weitergeht. Den Anspruch, die Klinik wie ein Uhrwerk so instandzusetzen, daß sie läuft und läuft und läuft, habe ich aufgegeben.

Wo ist der »gewachsene Fels«?

Ich will vorschlagen, den Ausdruck »patientenzentrierte Selbsterfahrung«, der sich als Oberbegriff der Balint-Gruppenarbeit durchgesetzt hat, durch »berufszentrierte Selbsterfahrung« zu ersetzen. Damit ist ein Signal in eine Richtung gegeben, die mir eine wesentliche Ergänzung der herkömmlichen Orientierung am Klienten zu sein scheint. Der Beruf als Institution, als Rolle, als potentiell die Persönlichkeit des Trägers dieser Rolle beeinflussende Macht sollte mitreflektiert werden. Damit ist auch ein wesentlicher Gesichtspunkt gewonnen, der die unendliche Supervision betrifft: Wenn wir davon ausgehen, daß zwar die Ausbildung in einem Beruf irgendwann abgeschlossen ist, für die psychosozialen Berufe aber eine dauernde Reflexion und Auseinandersetzung mit diesem Beruf notwendig bleibt, wird auch deutlicher, daß die Supervision beides ist: eine begrenzte Vermittlung von Wissen, Erfahrung und Selbstkritik, die einen unbegrenzten Prozeß auslösen und aufrechterhalten sollte.

Mir scheint, daß eine berufszentrierte Selbsterfahrung den aktuellen gesellschaftlichen Forderungen auch deshalb mehr entspricht, weil nicht mehr mit derselben Selbstverständlichkeit wie zur Zeit Balints davon ausgegangen werden kann, daß der Patient einen Arzt, jedoch der Arzt nicht den Patienten braucht. Daß die psychische Bedürftigkeit des Helfers inzwischen reflektiert wird, hängt sicher auch mit einer Situation zusammen, in der ein Überangebot an qualifizierten Helfern nicht nur die Leistungskraft der Wirtschaft (zumindest solange die Prioritäten für Rüstung und Großindustrie bestehen bleiben) überfordert, sondern auch den helfenden Beruf in seiner Qualität als »Krisengewerbe« (*Keupp* 1984) durchschaubarer macht. Die Helfer müssen sich mit Situationen auseinandersetzen, in denen ihr Beruf zum Problem geworden ist: als Konkurrenz zwischen arbeitsbesitzenden und arbeitslosen Helfern, als Konkurrenz zwischen standespolitisch organisierten Gruppen (Ärzte – Psychologen, Erzieher – Diplom-Pädagogen, Ärzte – Heilpraktiker), als realitätsfundierter Neid des arbeitslosen oder in einer uninteressanten Tätigkeit gefesselten Klienten auf den Helfer, der eine (scheinbar?) angenehme und interessante Tätigkeit hat.

Die berufliche Struktur und die mit ihr verknüpften Einrichtungen scheinen mir für den helfenden Beruf am ehesten jenem »gewachsenen Fels« zu entsprechen, der den Instrumenten der Psychoanalyse (*Freud* 1937) einen unüberwindbaren Widerstand entgegensetzt. Die Supervision verfügt kaum über wirksamere Instrumente, und manchmal fehlt selbst der Leidensdruck, der die Arbeit vorantreiben könnte. Die berufliche Entwicklung der Psychoanalyse selbst hat gezeigt, wie mächtig dieser Fels ist. Freuds eigene Schüler folgten ihm überall dort nicht, wo berufliche Interessen auf dem Spiel standen (wie in der Frage der »Laienanalyse« oder in der Forderung, der Analytiker solle alle fünf Jahre seine Selbsterfahrung erneuern). Gerade deshalb scheint es mir wichtig, diesen Felsen freizulegen und ihn nicht mit einer Schicht von Verleugnungen zuzudecken (*Schmidbauer* 1983).

Die »Schiene« Helfer–Klient wird in dieser Supervision zum Dreieck: Helfer–Beruf–Klient. Die gesellschaftliche Struktur und ihre Institutionen werden in dieser beruflichen Perspektive praxisrelevant faßbar. Die persönlichen Probleme der Helfer mit ihrem Beruf werden in die Beziehungsklärung nicht weniger einbezogen als die Probleme mit Klienten oder Patienten. Ein wesentlicher Gegenstand solcher Klärungen sind dann auch die Beziehungen zwischen Berufsgruppen, die in der Teamsupervision sehr wichtig werden können. Andere Aspekte, die in der Zusammenarbeit beachtet werden müssen, sind Konflikte zwischen Anfängern und langjährigen Praktikern, die besonders heftig werden können, wenn der Berufsanfänger – da formal besser qualifiziert – bei weniger fundierter Arbeit mehr verdient.

Teamentwicklung

Zurück zu meinen persönlichen Erfahrungen. Die Klinik-Balint-Gruppe war die Supervision von drei Teams – Konkurrenz zwischen den Teams, Mißtrauen, wechselnde Bündnisse über die Teams hinweg konnten in dieser Situation bearbeitet werden. Die Supervision eines einzelnen Teams hätte sicher ein ganz anderes Bild ergeben. Die Konflikte zwischen den verschiedenen Teams wären zurückgetreten, die teaminternen in den Vordergrund. Aber nur die Zusammenfassung aller Teams in einer Gruppe ermöglichte es, auch den Leiter der Einrichtung einzubeziehen, der keinem der Teams angehörte. Damit wurde viel an möglicher Geborgenheit, an einem autoritätsfreien Raum geopfert, aber zugleich mehr Vielfalt und eine größere Realitätsnähe gewonnen.

Da sich andere Autoren in diesem Band ausführlich mit Teamsupervision befassen, will ich hier nur auf sie und *Conrad/Pühl* (1985) verweisen. Eine Fragestellung, die vielleicht mehr Supervisoren interessieren sollte, als es derzeit der Fall ist, möchte ich aber beisteuern: die Teamentwicklung. Viele soziale Einrichtungen sind von ihrer Organisationsstruktur her geradezu »mittelalterlich«, feudal, mit starren Autoritäten, obwohl sie inhaltlich bereits teamorientiert arbeiten. Andrerseits sind die neuen Helfer oft sehr wenig daran interessiert, sich mit solchen Strukturen auseinanderzusetzen und die Freiräume, die sie für ihre Arbeit brauchen, selbst durchzusetzen und sie nicht als Geschenk von oben zu erwarten. Während große Wirtschaftsunternehmen längst eigene Fachleute dafür haben, daß Inhalt der Arbeit und die Machtstruktur, in der diese abläuft, möglichst günstig aufeinander abgestimmt werden (Organisationsentwicklung, Schulung von Führungskräften usw.), fehlen solche Ansätze im Bereich der psychosozialen Einrichtungen weitgehend. Ein Supervisor, der gelernt hat, in dem Dreieck Helfer–Beruf–Klient zu arbeiten und seine Strukturen zu reflektieren, könnte durchaus erfolgversprechend auf diesem Sektor tätig werden. Ich selbst habe bisher nur gelegentlich und mehr am Rande solche Funktionen eines psychosozialen Unternehmensberaters ausgefüllt, fand die Arbeit aber jedesmal interessant und auch fruchtbar. In einem dieser Fälle begleitete ich über zwei Jahre die Entwicklung einer medizinisch-psychologischen Gemeinschaftspraxis und versuchte meinen Beitrag dabei zu leisten, einen Mittelweg zwischen dem unerfüllten »alternativen« Anspruch, der Anpassung an die Kassenarztsituation, der Sehnsucht nach einer besseren Ersatzfamilie und der Resignation über eine trotz aller Vorsätze doch immer wieder konkurrenz- und machtbestimmte Auseinandersetzung zu finden. Auch hier gab es die mir schon vertrautere, in keinem Lehrplan vorgesehene Mischung von Fallarbeit, persönlicher Selbsterfahrung, Teamsupervision und Organisationsberatung. In einem anderen Fall versuchte ich, den Konflikt zwischen einem von der zuständigen Zentralbehörde eingesetzten Referenten für Familienberatung und den Leitern der einzelnen Beratungsstellen zu klären, der noch dadurch kompliziert wurde, daß die Kontrahenten verschiedenen therapeutischen »Schulen« angehörten. Mir ist deutlich, daß solche Zusammenfassungen noch kein wirklich anschauliches Bild geben. Ich hoffe aber doch, daß sie andere Praktiker ermutigen, in diesem noch weitgehend unerschlossenen Gebiet Erfahrungen zu sammeln und diese auch mitzuteilen.

Supervision ist ein Luxus ...

... der die Helfer nur davon abhält, sich wirklich mit ihren Schützlingen zu beschäftigen: Statt dessen betreiben sie psychologische Selbstbefriedigung miteinander und mit ihren Supervisoren. So läßt sich ein oft nicht ausgesprochenes, aber weit verbreitetes Vorurteil zusammenfassen. Wenn das Geld fehlt, um das Haus zu heizen, in dem der Helfer arbeitet, oder ihm und seinen Schützlingen genügend Nahrung zu verschaffen, dann würde ich zustimmen, daß Supervision ein Luxus, das heißt eine überflüssige Bequemlichkeit ist. Aber wenn es darum geht, die Halle mit Marmor zu pflastern oder der Verwaltung einen Computer zu kaufen, würde ich wiederum diese Ausgaben für luxuriöser halten als die Supervision. Vollends absurd ist das Zeitargument. »Beziehungshilfe«, das heißt eine Form psychosozialer Arbeit, in der die emotionale Beziehung von zentraler Bedeutung ist, läßt sich nicht an Zeit messen. Im Gegenteil: Je mehr Zeit ein unzufriedener, mit seinem Beruf überworfener oder »ausgebrannter« Helfer mit seinen Klienten zubringt, um so schlechter für beide.

Entsprechende Untersuchungen gibt es nicht für Helfer, wohl aber für die naturwüchsigen Urbilder des Beziehungshelfers, die

Mütter. Danach ist die »zufriedene Hausfrau« am günstigsten für die Kinder, gefolgt von der »zufriedenen berufstätigen Mutter«. Die »unzufriedene berufstätige Mutter« wiederum ist günstiger als die »unzufriedene Hausfrau«. Das heißt: Wenn eine Entscheidung ansteht, ob Zeit für die Klienten oder Zeit für Supervision verwendet werden soll, dann ist die Zeit für Supervision immer dann sinnvoll angewendet, wenn sie in der Lage ist, die Arbeitszufriedenheit zu steigern. Diese hängt vor allem an zwei Faktoren: (1) dem Kompetenzgefühl und (2) der emotionalen Unterstützung in der Verarbeitung der emotionalen Belastungen des Arbeitsalltags.

Für die neuen Helfer, zu deren Berufsarbeit es gehört, emotional schwingungsfähig, zur Einfühlung bereit zu sein und zu bleiben, ist deshalb nicht die absolute Zeit wesentlich, die sie mit ihren Klienten zusammen sind, sondern die Zeit, in der emotional getragene Einsichten (der »Flash« Balints), ein wirklicher Kontakt, eine seelische Berührung zustande kommen. Ich kenne aus Analysestunden sehr gut das Gefühl, daß ich gerade dann, wenn ich wenig Beziehung spüre und mich als wirkungslos erlebe, dazu neige, die vereinbarte Zeit zu überziehen. Kurzum: die Erwartung, daß anstatt einer von den Mitarbeitern gewünschten Supervision mehr mit den Klienten gearbeitet werden sollte, ist nicht nur falsch, sondern sowohl für die Klienten wie für die Mitarbeiter potentiell schädlich. Sie läßt sich mit dem Aberglauben mancher Familienpolitiker vergleichen, Mütter, die sich wegen ihrer Diskriminierung bei der Arbeitssuche gezwungenermaßen auf Haushalt und Kindererziehung beschränken, seien gut für die Kinder, weil Kinder bekanntlich eine Mutter brauchen, egal welche.

Emotionale Kompetenz ist anders beschaffen als sachliche, zweckrationale. Sie ist allgemeiner, aber auch verwundbarer. Die endliche Supervision kann die Sachkompetenz bis zur individuell erreichbaren Leistungsmöglichkeit fördern und wird dann nicht mehr gebraucht. Die unendliche Supervision bezieht sich auf den nicht auflösbaren Widerspruch des Berufs der »neuen Helfer«, die ihre emotionale Kompetenz innerhalb zweckrational

bestimmter Strukturen (Dienstzeit, gleichförmige Leistung) einsetzen sollen. Zwischen beiden gibt es zahlreiche Überschneidungen. Denn ein wichtiges Teilziel der endlichen Supervision ist erreicht, wenn der Supervisand in sich das Bedürfnis nach einer unendlichen Auseinandersetzung mit seinem Beruf erleben kann und nicht davon ausgeht, daß er irgendwann wie eine fertige Helfermaschine vom Ausbildungsfließband läuft und hinfort nur noch funktionieren muß.
Last not least: Die Dauer von Supervision als Dienstleistung hängt auch davon ab, wie lange der Supervisand bereit ist, für sie zu bezahlen. Eine solche selbstfinanzierte Supervision zur unendlichen zu machen, erscheint mir wenig überzeugend. (Leider hat Freud das Thema des Geldes in seiner Arbeit über die endliche und unendliche Analyse völlig ausgeklammert. Ergänzend wurde daher in Analytikerkreisen das zynische Bonmot geprägt: die Übertragungsanalyse ist dann abgeschlossen, wenn dem Patienten das Geld ausgeht. Zeitgemäße Erweiterung: wenn das Kassenkontigent erschöpft ist.) Die unendliche Supervision als Dienstleistung zu bezahlen, ist eine Sache der Einrichtungen, die Helfer beschäftigen. Wo sich das nicht durchsetzen läßt, sollten die Helfer versuchen, sich in einer selbst organisierten Gruppe zu helfen.

Team-Supervision nach dem Modell von S. H. Foulkes

Georg Richard Gfäller

Dieser Aufsatz legt seinen Schwerpunkt auf die Praxis einer speziellen Art von Supervision, nämlich der Team-Supervision. Nachdem an anderer Stelle dieses Bandes auf theoretische Erörterungen zum Begriff der Team-Supervision und ihrer Aufgabenstellung eingegangen wird (siehe auch *Gfäller* 1979), werde ich Vorüberlegungen, den Beginn und einige ausgewählte Sitzungen beschreiben. Dabei soll anhand dieser Sitzungen der Bezug zur Foulkes'schen gruppenanalytischen Theorie dargestellt werden.

Historischer und theoretischer Vorspann

Zum besseren Verständnis zunächst einige historische und theoretische Hinweise: S. H. Foulkes war einer der Begründer der analytischen Gruppenpsychotherapie (*Pines* 1978). Er war vor seiner psychoanalytischen Ausbildung Assistent bei Kurt *Goldstein* (1939), der als Neurologe bei Hirnverletzten die Erfahrung machte, daß eine Schädigung des Gehirns, z. B. durch Schußverletzungen, in vielen Fällen nicht dazu führte, daß der speziell betroffene Teil des Gehirns ausfiel, sondern daß andere Teile des Gehirns diese Funktionen teilweise kompensierten und sich dabei die gesamte Tätigkeit des Gehirns auf ein niedrigeres Niveau senkte. Eine schlüssige Erklärung bot ihm die Gestaltpsychologie. S. H. Foulkes beschäftigte sich mit dieser Gestaltpsychologie und stellte zunehmend fest, daß menschliches Verhalten in den Gruppen ebenfalls nach den Gesetzen eines Gestaltkreises ablief: die Äußerung eines einzelnen in der Gruppe ist wesentlich zu verstehen als Ausdruck, als die Figur vor dem Hintergrund der gesamten Gestalt, der Matrix* der Gruppe. Der zweite, hier wesentliche Hintergrund der Foulkes'schen Gedanken, entspringt neben seiner psychoanalytischen Ausbildung einmal dem Einfluß von Alfred Adler (*Ansbacher/Ansbacher* 1975, *Foulkes* 1964) und zum anderen der Frankfurter Schule um Horkheimer und Adorno (E. Foulkes, persönliche Mitteilung). Von Adler übernahm Foulkes Teile der Ich-Psychologie, in der Adler eine ursprüngliche, schon bei der Geburt vorhandene Sozialität und Bezogenheit auf andere annahm, schließlich auch die Auffassung Adlers vom unteilbaren Individuum (*Adler* 1928, 1930). Adler war bis 1910 enger Mitarbeiter von S. Freud, trennte sich u. a. wegen jener Auffassungen von diesem. Heute sind Adlers Gedanken in anderen Formulierungen und teilweise anderen Zusammenhängen wieder Bestandteil der psychoanalytischen Theorie geworden (z. B.: Ich-Psychologie, Narzißmustheorie, Aggressionstrieb, Selbstwerttheorie).

Die Frankfurter Schule (*Jay* 1973) lernte S. H. Foulkes als Leiter der Ambulanz des psychoanalytischen Instituts in Frankfurt kennen. Das Institut befand sich im gleichen Haus wie das »Institut für Sozialforschung« und hielt regen Austausch. Diese Gespräche (vor dem Zweiten Weltkrieg) ergaben die Grundlage dafür, daß Foulkes bezüglich seiner Auffassung der Gruppe nicht nur die Gruppe selbst als Gestalt definierte, sondern auch die Gruppe vor dem Hintergrund der umgebenden Gesellschaft, Institution usw. sah, die im Gespräch der Gruppe ebensolche Bedeutung wie die anderen Ebenen (Familie, individueller Hintergrund, Übertragungsebene, Gruppe als Körper und kollektive Imagines) enthalten. Auf diese werde ich ausführlicher am Ende des Aufsatzes eingehen.

Gerade weil die Foulkes'sche Gruppenanalyse diesen institutionellen und gesellschaftlichen Hintergrund als integralen Bestand-

* Beim Begriff der Matrix ist ein Netzwerk von Kommunikation und Beziehungen in einer Gruppe gemeint.

teil der Theorie und Praxis aufweist wie kaum eine andere gruppenanalytische Theorie, ist diese Methode für die Arbeit in Institutionen besonders ausgerüstet. Foulkes selbst hat seine Theorie kurz nach dem Zweiten Weltkrieg durch die Leitung des »Northfield-Neurosis-Centre« für Verwundete und psychisch erkrankte englische Soldaten überprüft (*Foulkes* 1946) und im Rahmen des von ihm gegründeten »Group Analytic Institute« in London weiterentwickelt. Theorien der »therapeutischen Gemeinschaft« fußen u. a. auf den Foulkes'schen Erfahrungen in Northfield (*Main* 1946, *Sager* 1973, *Whiteley/Gordon* 1979).

Vorbedingungen der Supervision

Ein früherer Klient bat mich um die Übernahme einer Team-Supervision an einer psychotherapeutisch/psychoanalytisch orientierten Klinik, der er inzwischen angehörte. Ich vereinbarte einen Termin für das Vorgespräch mit den Mitarbeitern der Klinik.

Es war anzunehmen, daß konkrete Vorstellungen über Methode, Aufgaben und Ziele der Supervision vorhanden waren, nachdem die Klinik nach der Gründung zuerst ohne, später aber mit Supervision für einige Jahre gearbeitet hatte und regelmäßige Mitarbeiterbesprechungen stattfanden. Die Supervision fand in drei- bis vierwöchentlichem Abstand mit nacheinander zwei erfahrenen Supervisoren aus dem Bereich der Gesprächs-, Gestalt- und Verhaltenstherapie statt, mit deren Hilfe sowohl das gute Arbeitsklima als auch die stetige Erweiterung der Kompetenz der Mitarbeiter erhalten und erreicht wurde. Beide Supervisionen wurden im gegenseitigen Einverständnis beendet, nachdem die jeweiligen Arbeitsansätze der Supervisoren produktiv und befriedigend in die Arbeit der Klinik integriert worden waren. Von heftigeren Konflikten hatte mir der obige Mitarbeiter nichts erzählt. Für mich war also abzusehen, daß in meiner Arbeit an dieser Klinik neben den allgemein bekannten Aufgaben der

Supervision auch theoretische und methodische Fragestellungen aus der Gruppenanalyse eine Rolle spielen würden. Dann wußte ich, daß die Klinik von einem erfahrenen Psychoanalytiker und Nervenarzt geleitet wurde, dem es auch durch seinen Führungsstil gelungen war, ein freundliches Betriebsklima ohne besondere hierarchische Konflikte zu schaffen, in dem neben den Ärzten auch Psychologen, Sozialarbeiter, Krankengymnasten und Pflegepersonal je nach ihren Aufgaben dennoch relativ gleichberechtigt miteinander arbeiteten.

Hier muß ich einschieben, daß ich aus Gründen der Diskretion gewisse Veränderungen der Klinik und der einzelnen Personen vornehmen werde, da meine Tätigkeit noch nicht lange genug zurückliegt, und die Klinik nicht identifiziert werden soll.

Damit bin ich beim zweiten theoretischen Gesichtspunkt angelangt: der Schweigepflicht des Supervisors. Der erste Punkt ist in obigen Darstellungen enthalten: Wie im theoretischen Vorspann erläutert, ist es für das Verständnis einer Gruppe erforderlich, die äußeren Rahmenbedingungen der Gruppe zu untersuchen, da diese in der inneren Dynamik der Gruppe immer eine wichtige Rolle spielen. Somit muß das Setting einer Gruppe mit diesen institutionellen Rahmenbedingungen abgestimmt werden. Diese Vorüberlegungen traf ich schon auf der Hinfahrt zum Vorgespräch. Hätte ich nicht über dieses Wissen verfügt, wäre es eine Aufgabe des Erstgesprächs gewesen, eben diese und weitere historische und institutionelle Rahmenbedingungen zu erfahren und den Stellenwert für die Administration und das Setting der Gruppe zu analysieren.

Als ich in der Klinik ankam, waren die Mitarbeiter gerade bei der täglichen Morgenbesprechung. Ich war etwas zu früh, da ich die benötigte Fahrzeit zur Klinik noch nicht kannte. Nach der Begrüßung wurde mir mitgeteilt, daß einige Wochen später noch ein anderer möglicher Supervisor eingeladen werde, dessen Fachkompetenz mehr im Rahmen der Organisationspsychologie und -beratung liege. Ich sei um das Vorgespräch gebeten worden, da ich schon in einer ähnlichen Klinik Supervision durchgeführt hätte und zugleich als Gruppenanalytiker der Klinik möglicherweise Kompetenzen vermitteln könnte, die bisher in noch nicht ausreichendem Maße vorhanden wären. Auf Befragen stellte ich meine Vorstellungen zur Team-Supervision dar, wie ich sie in anderem Zusammenhang beschrieben habe (*Gfäller* 1979). Die Supervision findet zu festen Zeiten, an einem gemeinsam verabredeten Ort und mit einem definierten Teilnehmerkreis statt. Sie beschäftigt sich mit einzelnen Patienten, Patientengruppen, dem Kliniksystem und der Struktur der Gesamtinstitution ebenso wie mit Strukturen des Teams, Kommunikationsformen, Konflikten und den unbewußten motivationalen Handlungshintergründen. Methodisch würde ich auf Grund des Bedürfnisses nach Supervision Berichte aus dem Team über eines oder mehrere dieser Themen erwarten, um dann, entsprechend der gruppenanalytischen Methode, im freien Gruppengespräch analog freier Assoziationen Aufschlüsse über noch ungeklärte Inhalte und Konflikte mit Hilfe von Deutungsprozessen zu erzielen. Dann erläuterte ich kurz meine soziologische Ausbildung und die Weiterbildung in Psychoanalyse, Individualpsychologie und Gruppenanalyse. Dies konnte ich tun, da auf Grund der bisherigen Supervisionen aus meiner Sicht keine Widerstände gegen Supervision zu erkennen waren. Hätte ich solche gesehen, wären diese natürlich zuvor zu interpretieren gewesen, um aus der Reaktion auf diese Interpretationen auf die Stärke der Motivation und die Bereitschaft zur Supervision Rückschlüsse ziehen zu können. Allzu persönliche Informationen unterließ ich, um entstehende Übertragungen nicht zu beeinflussen. Dann ließ ich mir die Aufgabenbereiche der einzelnen Mitarbeiter wie auch die therapeutische Konzeption der Klinik ausführlich darstellen, um eine Prognose abgeben zu können, in der sowohl eventuelle fixierte Dysfunktionalitäten im System als auch die konkrete Zusammenarbeit, Motivation der einzelnen und Veränderungsmöglichkeiten eine Rolle spielen. Im weiteren Gespräch wurden unterschiedliche Erwartungen an die Supervision, die teilweise gegensätzlich waren, formuliert: Die Supervision solle z. B. auch Selbsterfahrung beinhalten, da einige Mitarbeiter meinten, gelegentliche Schwierigkeiten mit den Patienten und dem Team rührten aus nicht verarbeiteten früheren Konflikten der einzelnen Teammitglieder her. Die Gegenpartei lehnte dies ab, sie wollte in der Supervision vorwiegend fallbezogen arbeiten, die Selbsterfahrung finde anderweitig statt. Da diese widersprüchlichen Wünsche nebeneinander bestanden und verbalisiert werden konnten, gewann ich den Eindruck, daß in dieser Klinik genügend Spannungstoleranz und Flexibilität herrschte, die eine der Vorbedingungen für gruppenanalytische Supervision sind. Ich teilte dann gegen Ende des Vorgesprächs zum Setting mit, daß Selbsterfahrungsteile nur insoweit von mir berücksichtigt und in den Supervisionsprozeß integriert würden, als sie zur Erklärung und zum Verständnis der jeweilig dargestellten Konflikte unumgänglich notwendig seien. Eine umfassendere Selbsterfahrung könne nicht stattfinden. Dem stünde auch entgegen, daß jeder Mitarbeiter vom anderen tatsächlich in einer durch die Institution gegebenen Abhängigkeit arbeite. Unter den Bedingungen von Abhängigkeit wäre therapeutische Aufarbeitung der Individualgenese nicht möglich.

Im weiteren Verlauf ging es noch um die Terminvereinbarungen (ich vereinbarte keinen weiteren Termin, da ja noch der andere Supervisor angesprochen werden sollte, nannte aber einen Zeitpunkt, bis zu dem ich die Entscheidung erfahren müßte), die Zeitdauer der einzelnen Sitzungen (120 Minuten), den Ort und das Honorar.

In meine Ausführungen gingen die Auffassungen der Gruppenanalyse sowohl zum Setting in der Gruppe als auch zur Position des Gruppenleiters ein: S. H. Foulkes wies in Vorlesungen und Seminaren immer darauf hin, wie wichtig die sogenannte Administration der Gruppe ist. Sie erfüllt den Zweck, in der Gruppentherapie durch die Vorbereitung sowohl der Patienten als auch des Therapeuten, in der Supervision durch gemeinsame Arbeit an den Absprachen ein »Innen« und »Außen« der Gruppe zu erarbeiten (*Sadock* 1983). Er empfahl, daß sich der Gruppenleiter gleichsam wie ein Dirigent anhand der Partitur ein inneres Bild der Matrix (*v. d. Kleij* 1982) der Gruppe mache – in der gruppenanalytischen Praxis durch geeignete Zusammenstellung der

Gruppe – damit der Leiter durch Zuhören und Beobachten im Erstgespräch die unbewußte Matrix der Gruppe, d. h. das hypothetische Netzwerk von Kommunikation und Beziehungen erfährt. Konkret in dieser Gruppe gehörte zur Matrix die Geschichte sowohl der Institution, als auch die bisherige Supervision, der Interaktionsstil, das Klima, Rollenaufteilungen innerhalb der Mitarbeiter, deren Berufsmotivation und Kompetenz, institutionalisierte Abwehrformationen und Erwartungen an den Supervisor. Die Matrix ist das Äquivalent der Übertragungsneurose in der Gruppe. Hat der Leiter ein Bild dieser transpersonalen Interaktions-Matrix, beginnen sich die Grenzen zwischen Innen und Außen der Gruppe abzuzeichnen: Es entsteht die Frage, was gehört zur Supervision und was überschreitet den Rahmen. Foulkes spricht da von der Grenzzone, um anzudeuten, daß eine eindeutige Grenzziehung nicht möglich ist; es ist immer wieder Aufgabe der gesamten Gruppe, die Grenze zu definieren, eventuell auch zu verschieben. Im Rahmen der Administration werden im Vorgespräch Ort (der Raum, der für die Supervision ausgewählt wird), Zeit und Dauer der Supervision, ebenso die institutionellen Rahmenbedingungen, die Kosten und die Zahl der Teilnehmer vereinbart. So wurden z. B. Praktikanten und Honorarkräfte, die nur tage- oder wochenweise an der Klinik tätig waren, ausgeschlossen. Das Pflegepersonal und die direkt mit Patienten in Kontakt kommenden Verwaltungskräfte gehörten zur Supervisionsgruppe. Hier kam zum Ausdruck, daß die Klinik nach dem Konzept der »therapeutischen Gemeinschaft« arbeiten wollte.

Zu all diesen Fragen nimmt der Supervisor Stellung, damit für die spätere Arbeit die Position des Gruppenleiters in obiger Grenzzone erhalten bleibt. Nach der bildlichen Vorstellung von Foulkes sollte sich der Gruppenleiter immer auf der Grenzlinie der Gruppe befinden, damit die Bewegungen der Gruppe von innen nach außen und umgekehrt quasi durch den Gruppenleiter gehen und diesen passieren müssen. In der ambulanten therapeutischen Gruppe ist dies leichter durchzuführen als in der Team-Supervision: Der Supervisor ist durch seine besondere Position – er ist nicht Mitglied der Institution und seine Gruppenleiterfunktion liegt damit außerhalb der Hierarchie der Institution – nicht in der Lage, auf der Ebene der Institution diese Grenzfunktion wahrzunehmen. Damit ist die Institution nicht nur psychodynamisch innerhalb der Gruppe, sondern über jedes einzelne Gruppenmitglied auch real. Das Außen der Institution und der dazugehörigen Verwaltung, die Struktur der Mitarbeiter und Praktikanten, ist immer auch das Innen der Supervisionsgruppe. Eine Hilfe dabei ist das Konzept, daß ab dem Zeitpunkt des Beginns der Supervision jedes auch noch so scheinbar abweichende Gespräch als Kommunikation innerhalb der Supervision gesehen und definiert wird. Nach meiner Erfahrung leistet dieses aus der Psychoanalyse und Gruppenanalyse übernommene Konzept sehr viel bei der Festlegung des Settings, somit der Frage des Innen und Außen und der Motivation. Hier zeigt sich der Unterschied zur Institutionsberatung deutlich, da diese, soll sie effektiv werden, in der Hierarchie der Institution mit Macht- und Entscheidungsbefugnissen ausgestattet ist (*Hürter* 1977, *Heintel* 1979, *Sahm* 1979, *Benne* 1975).

Die erste Sitzung

Im Vorgespräch war eine ca. dreiwöchentliche Sitzungsfrequenz von jeweils 120 Minuten vereinbart worden. Dies entsprach den Bedürfnissen der Klinik. Eine wöchentliche Supervision erschien nicht erforderlich, da die Fachkräfte genügend qualifiziert und das Konzept der Klinik sowie die Rollenverteilung der Arbeitskräfte erprobt waren. Die erste Sitzung fand mehrere Monate nach dem Vorgespräch statt, nachdem sich die Mitarbeiter auf die Zusammenarbeit mit mir geeinigt hatten. Ich kam wieder ein bißchen zu früh an. Die Mitarbeiter saßen noch bei der Morgenbesprechung. Vertreter der Patienten berichteten gerade über deren Anliegen, es wurden u. a. die Renovierungsaufgaben für einzelne Gruppenräume verteilt. Es war ersichtlich, daß Patienten und Personal in einem freundschaftlichen Ton zusam-

menarbeiteten. Trafen Team-Mitglieder Entscheidungen, so wurden diese begründet, damit sie auch von den Patienten mitgetragen werden konnten.
Kurz vor dem Zeitpunkt des Supervisionsbeginns stand ich auf und sagte, daß ab 10 Uhr im vereinbarten Zimmer die Supervision beginnen würde. In diesem nahm ich die Sitzposition ein, die ich gedachte, auch während der nächsten Sitzungen einzuhalten. Damit sollte erzielt werden, daß sich die Mitarbeiter um mich gruppieren können. Ich erwartete, auf Grund dieser (soziodynamischen) Sitzverteilungen erste Rückschlüsse auf die noch unbewußten Übertragungsbereitschaften auf mich machen zu können. So ist z. B. die Annahme möglich, daß der Stuhl rechts von mir von jemandem eingenommen wird, der Schutz bei mir sucht, vom Platz mir gegenüber werden vermutlich Angriffe ausgehen oder Angriffe meinerseits erwartet. Der Platz links neben mir wird möglicherweise eingenommen, um gewissermaßen im Windschatten das Gespräch schweigend beobachten zu können. Als dann alle Mitarbeiter saßen, schwiegen sie. Mir stellte sich die Frage, wie ich mit diesem initialen Schweigen umgehen sollte. Ich war überrascht, hatte angenommen und erwartet, daß diese Gruppe auf Grund der Erfahrungen mit Supervision, dem mir gezeigten offenen Klima und den Bedürfnissen nach Fallbesprechungen gleich beginnen würde. So war ich zunächst ebenfalls »sprachlos«. Ich versuchte, mich anhand eigener Assoziationen zu orientieren; es entstand ein Bedürfnis, die Gruppe zu fragen. Ich erinnerte mich an andere Anfangssitzungen von Supervisionen, in denen ich schwieg, bis die Gruppe von sich aus begann. Der Grund für dieses Verhalten war, nicht durch zu frühe Interventionen die Gruppe zu steuern und dadurch unbewußtes Material zu verdecken. Andererseits wurde durch mein damals schweigsames Verhalten eine starke Übertragungssituation im Sinne einer Bion'schen (1961) Grundannahme-(basis assumption)-Gruppe geschaffen, nämlich eine Abhängigkeitsgruppe. Bei diesen Vergleichen empfand ich die jetzige Situation doch als unterschiedlich: Ich stand unter einem starken Druck, etwas zu unternehmen.

Das war sonst anders, dort empfand ich mich mehr interessiert an der schon auch spannungsreichen, noch offenen Entwicklung der Gruppe. Heute erlebte ich die Gruppe als überbelastet und nicht in der Lage, von sich aus das Gespräch zu beginnen. Natürlich war die Gruppe aus mir unbekannten Gründen nun ebenfalls in dieser Abhängigkeitssituation. Ich überlegte, dies zu interpretieren. Da ich aber nicht spüren konnte, welche Gründe in diese Abhängigkeit geführt hatten und mir diese Interpretation zu früh erschien – dies auch den Selbsterfahrungscharakter zu sehr in den Vordergrund geschoben hätte – erinnerte ich mich an einen der Foulkes'schen Vorschläge, in solch unklaren Situationen zuerst einmal für ein offeneres Klima in der Gruppe zu sorgen, auch wenn dabei Übertragungsprozesse noch unbewußt bleiben, in der Hoffnung, daß diese dann, wenn sie wirklich relevant sind, von der Gruppe selbst im offenen Gespräch aufgedeckt werden. Hier fiel mir auch ein, daß die früheren Supervisoren wohl recht direktiv den Prozeß geleitet hatten, und die Gruppe sich nicht sofort umstellen konnte. So sagte ich nach einiger Zeit, um die Kommunikation zu fördern, daß eine lange Zeit zwischen Vorgespräch und heute vergangen sei, es habe sich sicherlich manches geändert, vielleicht haben sich einige etwas für die Supervision vorgenommen, es sei schwierig, sich auf die neue Situation einzustellen. Dabei erfuhr ich dann, daß sich in der Zeit, in der auf den Beginn der Supervision gewartet wurde, Probleme aufgestaut hatten, man aber nicht so leicht darüber reden könne, da Angst bestand, ich würde Zweifel an der Kompetenz der Mitarbeiter bekommen. Ich war also in die Position des Ich-Ideals und des strafenden Über-Ichs gerutscht. Ich überlegte kurz, ob ich diesen Vorgang deuten sollte, es fehlten mir dazu wiederum Beiträge, aus denen sich schließen ließ, zu welchem Zweck diese Übertragung gestaltet wurde, was dadurch abgewehrt werden sollte. Ich vermutete, daß einige schwierige Klienten die Kompetenz der Mitarbeiter auf eine harte Probe gestellt hatten. Es bestanden aber auch hierfür keine Anhaltspunkte aus dem Gespräch der Gruppe. Sie sprachen weiterhin kaum. So entschloß ich mich, die Kommunikation zu fördern, um ein Arbeits-

klima zu erreichen, aus dem heraus die obigen Übertragungsvorgänge dann erhellt werden könnten. Mir drängten sich Erlebnisse aus einem kurz vorher stattgefundenen Forschungsaufenthalt auf, die ich nach kurzer Überlegung berichtete.
Mir erschien die Übertragungsspannung jetzt geringer als vorher, hatte auch die Hoffnung, daß meine Assoziationen quasi als konzentrierter Gruppenprozeß über diesen etwas aussagen würden. Dabei ging es vorwiegend um Möglichkeiten der Kindererziehung und die Frage des Grenzen-Setzens. Während des Erzählens lockerte sich die Gruppe, ich wurde eingehender befragt; es stellte sich heraus, daß das Problem des Grenzen-Setzens gerade die zentrale Schwierigkeit in der Klinik war; es hatten einige Patienten unerlaubte Medikamente eingenommen oder die Abwesenheitszeit am Wochenende ungebührlich ausgedehnt. Bei den Renovierungen waren Toiletten in einer so häßlichen Farbe gestrichen worden, daß die Mitarbeiter überlegten, ob dadurch die Toleranzgrenze überschritten wurde. Ein Teil der Patienten befand sich also in einer ausgeprägten Regression und zeigte Trotzverhalten. Einige Mitarbeiter waren wütend, andere freuten sich über das Verhalten der Patienten. Somit lag der Konflikt auch im Team der Mitarbeiter. Als sich die Positionen verhärteten, begannen einige zu rauchen. Ohne meine Interpretation zu benötigen, erfaßte die Gruppe dies als Spiegelphänomen (*Heigl-Evers* 1971). Damit war auch eine Lösungsmöglichkeit gegeben: Wenn der Konflikt im Team gelöst werden kann, bestehe auch die Möglichkeit, das Problem insgesamt zu lösen. Hier interpretierte ich das Rauchen als Regression, um einmal der Spannung in der Gruppe zu entfliehen, zum anderen als Protest gegen das (Übertragungs-)Gefühl mir gegenüber, nicht ernst genommen und kritisiert zu werden. Daraufhin wurde berichtet, daß sich in der letzten Zeit mehrere Patienten beschwert hatten, mit ihren Bedürfnissen und Anregungen ebenfalls nicht ernstgenommen zu werden. Im weiteren Gespräch berichteten die Gruppenmitglieder, daß in der letzten Zeit durch mehrere Neuaufnahmen soviele organisatorische und gutachterliche Arbeiten angewachsen waren, daß neben den konkret durchgeführten Thera-

pien kaum noch Zeit für die sonst üblichen persönlichen Gespräche, die Visiten usw. geblieben war. Die Bemalung konnte nun als berechtigter Protest angesehen werden. Die Visiten sollten wieder normal durchgeführt werden, ebenso sollte mit den Patienten über die Farben gesprochen werden mit dem Ziel, die beanstandeten Räume neu zu streichen. Es wurde dann noch ausführlicher über die Rahmenbedingungen der Klinik, z. B. die Abhängigkeit von den Kostenträgern und das allgemeine Problem der Finanzierung gesprochen. Als diese äußeren Fragen weitgehend geklärt waren, begann ein Mitglied ein eigenes Problem zu berichten; es war eingebunden in die auftauchenden Fragen nach dem Verhältnis zu den Patienten.
Die Ärztin erzählte, daß sie große Schwierigkeiten habe, von ihrer verständnisvollen Haltung in eine konfrontierende zu wechseln. Anhand eines Beispiels wurde klar, daß sie sich so stark in die Patienten einfühlte, daß sie dann, wenn ein Patient zum Beispiel nicht zur Sitzung kam, hilflos und wütend wurde, dies aber in der nächsten Sitzung nicht ansprechen konnte. Sie fühlte sich ausgeliefert und in ihren guten Absichten frustriert. Meine Gedanken gingen dabei in die Richtung, daß sie sich jetzt mir gegenüber als Patientin darstellen wolle, um Hilfe zu erhalten. Sie saß auch rechts neben mir. So interpretierte ich, daß sie wohl einige Male schon wegen ihrer Einfühlung von den anderen mißverstanden und angegriffen worden sei, was sie bestätigte. Da sie das Problem trotz zweier bestätigender Wortmeldungen individualisierte, dachte ich, daß sie um einen ganz persönlichen Arbeitsstil ringe, sich dabei aber von ihrer als negativ empfundenen, wohl depressiven Struktur behindert fühle. Zugleich war dadurch ein Grenzphänomen angesprochen – entsprechend der Vorbesprechung: Selbsterfahrung contra Fallbesprechung. Ich interpretierte noch nicht, um zu sehen, inwieweit es sich tatsächlich vorwiegend um ein persönliches Problem handelte, oder ob der folgende Gruppenprozeß weiteren Aufschluß gäbe.
Nach einiger Zeit berichteten die anderen von ihren Schwierigkeiten bei der Konfrontation mit Patienten. Ein Beitrag bezog sich auf die Frage der Achtung vor den Patienten, die bei

ungenügender Selbstachtung recht schwer wäre. Obige Ärztin brachte dann weiteres Material ein. Ich versuchte herauszuarbeiten, inwiefern ihre eigenen Anteile, die sie zuerst als Behinderung sah, einen der Wege darstellten, Patienten zu verstehen und zu behandeln. Mir ging es u. a. darum, ihre Ängste als Gegenübertragungsphänomene zu sehen. Die Angst vor Liebesverlust, die von den Patienten als unerträglich auf sie projiziert wurde, konnte sie gut auf Grund der eigenen Geschichte aufnehmen, sich mit dieser Angst identifizieren, ebenfalls die damit verbundene Wut und Destruktivität. Sie konnte sich erlauben, diese Gefühle zu spüren, ging daran nicht zugrunde, war deshalb in der Lage, diese Gefühle für die Patienten aufzubewahren, bis diese ihrerseits in der Lage waren, sie wieder zu introjizieren. Das Beispiel mit dem Patienten, der nicht zur Sitzung kam, konnte weiter bearbeitet werden: Es handelte sich um einen Mann, der in einer symbiotischen Beziehung zu seiner Mutter stand, die ihn äußerlich abwehrte, innerlich an sich band und ihn für eigene Bedürfnisse mißbrauchte. Als dann die anderen Gruppenmitglieder weitere Fälle einbrachten, in denen sie auf ähnliche Weise mit eigenen Konflikten konfrontiert wurden und erzählten, daß in solchen Fällen Gespräche mit den Kollegen eine große Hilfe waren, da diese die Situation anders erlebten, wurde deutlich, daß die anderen Mitglieder Defizite eines einzelnen meist auffangen können, wenn diese zu Problemen führen. Im weiteren Verlauf war zu erleben, daß durch die Darstellung der individuellen Konflikte der einzelnen, die jeweils in einem anderen Bereich lagen, ein therapeutisches Klima geschaffen war, in dem für die sogenannten Schwachstellen andere bereit standen, so daß sich scheinbare Schwächen auch als spezifische und persönliche Erkenntnismöglichkeit über die Konflikte der Patienten herausstellten. Die Rollenaufteilung unter den Mitarbeitern entsprach scheinbar zufällig solchen Gesichtspunkten. In dieser Phase des Gruppenprozesses entwickelte die Gruppe zu mir und zum Gruppengesamt die unbewußte Phantasie, getragen und gehalten zu werden im Sinne einer guten und starken mütterlichen Figur. Fehler und Fehlverhalten, die sonst zur Verurteilung führten, waren in der tragenden mütterlichen Fürsorge aufgehoben, in der Individualität und Eigenständigkeit gefördert wurden, ohne in Trennungsängste verfallen zu müssen. Es war eine enge Bindung an mich entstanden, in der sich *Bowlbys* (1969) Forschungsergebnisse bestätigten, daß die Bindung an die Hauptbindungsfigur die Voraussetzung für die Bindung an Nebenbindungsfiguren wie andere Gruppenmitglieder und Patienten sind. Anders ausgedrückt und mit einem anderen Schwerpunkt konnten sich individuelle Identitäten auf der Grundlage einer gemeinsamen Gruppenidentität erst entwickeln.

Im weiteren Verlauf berichtete ein anderes Gruppenmitglied, das ein recht schweres persönliches Schicksal hinter sich hatte, daß sich die Patienten des öfteren mit ihm identifizierten, ihn und seine Art auch nachahmten. Er fühle sich dadurch in eine ihm unangenehme Position gedrängt, er weise die Patienten außerhalb der Therapie häufig zurecht und zurück. Auch von den anderen Mitarbeitern fühle er sich in diese Rolle gedrängt, besonders von denen, die es mit Auseinandersetzungen schwer haben. Er berichtete, daß er schon als Kind eigene Wege habe gehen müssen, daß er dabei aber recht isoliert blieb. Er wollte gerne in eine etwas vertrauensvollere Position zu den Klienten kommen. Auf meine Frage, welche Patienten er vorwiegend betreue, stellte sich heraus, daß es sich vorwiegend um schwerere narzißtische Störungen mit schwacher Ich-Struktur handelte. Es wurde mittels mehrerer Beiträge aus der Gruppe erarbeitet, daß für diese Patienten die Möglichkeit der Identifikation zum Zwecke des Aufbaus eines stabileren Ichs unbedingt erforderlich sei, daß dies aber nicht schematisiert werden dürfe, um die individuellen Entfaltungsmöglichkeiten nicht einzuschränken. Wiederum zeigte sich, daß auch eine solche sogenannte persönliche Schwachstelle im therapeutischen Netzwerk der Klinik von Nutzen sein könnte, wird sie nicht ausschließlich individualisiert. Da die Probleme offen angesprochen wurden, war eine Veränderung auch der einzelnen Individuen abzusehen.

Dies waren nur zwei herausgegriffene Beispiele. Wie gesagt, beteiligten sich auch die anderen Mitarbeiter in ähnlicher Weise.

Die Dynamik der Sitzung lief also auf mehreren Ebenen ab:
1. Die einzelnen Mitarbeiter stellten sich vor, nachdem sie über ihre Ängste vor einem idealisierten Übertragungsobjekt, dem Supervisor, gesprochen hatten.
2. Es wurden Schwierigkeiten mit regressiven Patienten berichtet, die sich dann in der Sitzung spiegelten und hier dadurch aufgelöst werden konnten, daß der Leiter die an ihn übertragene strenge Über-Ich-Funktion auflösen und der Gruppe in milderer Form zurückgeben konnte. Dieser Prozeß ließ sich dann in der Klinik später weiter fortsetzen.
3. Die Gruppenstruktur und die institutionalisierten Abwehrformationen (*Mentzos* 1976), z. B. die hier nicht ausführlich erwähnten Rollenaufteilungen, wurden anhand der Berichte der einzelnen Mitarbeiter herausgearbeitet, zwei Beispiele stehen dafür. Die Voraussetzung für diese offene Kommunikation war einmal durch die starke Motivation der Teilnehmer und zum anderen durch die Ermutigung und die persönlichen Beiträge des Leiters geschaffen worden.
4. Die Gesamtsituation und deren Aufgabe und Schwierigkeiten waren immer im Blickfeld. Trotz oder gerade wegen der sehr persönlichen Beiträge der einzelnen auf dem Hintergrund der Gruppe blieb immer eine Gruppensituation erhalten.
Es scheint so, als sei bei dieser ersten Sitzung ausnehmend viel besprochen worden. Dabei ist aber zu berücksichtigen, daß dies zum einen die erste Sitzung war, in der sich die Abwehr noch nicht auf die neue Situation eingestellt hatte, zum anderen, daß diese Supervision nach langer Pause stattfand und schon von daher viel aufgestautes Material zu erwarten war. Zwar ist nach meiner Erfahrung die erste Sitzung immer sehr aufschlußreich, diese Menge von Material hing aber zusätzlich mit der langen Pause bis zur nächsten Sitzung zusammen.

Beginn einer Sitzung und Personalisierung eines Konflikts

Da ich in der ersten Sitzung das Gespräch aus den benannten Gründen selbst eingeleitet hatte, war zu erwarten, daß diese zweite ebenfalls mit Schweigen beginnen würde, da zum einen die Gruppe, oberflächlich gesehen, aus Gewohnheit wieder auf meine Initiative warten würde und zum anderen, da der regressive Übertragungsprozeß (Abhängigkeit vom Leiter) nicht interpretiert worden war und damit weiterbestand – trotz der Pause von drei Wochen und eventuell möglichen institutionellen Veränderungen. Ich ging von dieser Annahme aus, da der Übertragungsprozeß die ganze Gruppe umfaßte und recht ausgeprägt war. Als ich mir dies bewußt gemacht hatte und merkte, daß ich damit die Sitzung von mir aus beeinflussen könnte – im Sinne einer »self fulfilling prophecy« –, konnte ich diese zweite Sitzung mit der gebotenen, sogenannten freischwebenden Aufmerksamkeit beginnen. Ich setzte mich wieder an den alten Platz, kündigte damit den Beginn an und wartete auf die erste Äußerung der Gruppe. Aus meiner Erfahrung heraus ist dieser Beginn der Gruppenkommunikation so etwas wie das Konzentrat der gesamten späteren Gruppensituation. Die Grundlage für diese Einschätzung der ersten Äußerung ist neben theoretischen Erwägungen lange Gruppenerfahrung sowohl aus Patientengruppen als auch in der Supervision. Es hat sich bisher bewährt, besonders diesen Anfang zu beachten, da das Gruppenunbewußte wohl in den ersten Minuten des Schweigens jedes einzelne Gruppenmitglied so beeinflußt, daß derjenige, der zuerst spricht, unwillkürlich sich auf die auch ihm nicht bewußte Matrix bezieht. Umgekehrt kann davon ausgegangen werden, daß die erste Äußerung ihrerseits dann wieder den Prozeß lenkt (*Kadis u. a.* 1982).

Diese zweite Sitzung begann mit kurzem Schweigen von einigen Minuten, nachdem ich meinen Platz eingenommen hatte. Ein Teilnehmer begann: »Ich wollte noch etwas zur letzten Sitzung sagen.« Er wurde unterbrochen, eine Teilnehmerin meinte, es habe sich viel verändert, sie selbst habe Seiten an ihrer Arbeit entdeckt, die sie nicht gekannt habe. Die Gruppe wollte wohl noch einmal von vorne mit der ersten Sitzung anfangen; ich vermutete, daß aus dieser Konflikte entstanden waren, mit deren Äußerung zurückgehalten wurde. Ich nahm auch an, daß dieser Konflikt entweder mit mir oder mit institutionellen Bedingungen zu tun habe, daß also Angst vor der Äußerung bestand. Die Angst nahm ich auch wegen der Übertragungsbeziehung zu mir (Abhängigkeit) an. So wurde zuerst die letzte Sitzung rekapituliert. Für die Mitarbeiter war es überraschend gewesen, daß individuelle Strukturen und Konflikte mit den Rollenaufteilungen und Funktionen innerhalb der Institution übereinstimmten. Durch das Bewußtwerden dieser Übereinstimmungen war bei einigen Mitarbeitern der Wunsch nach Überprüfung und eventueller Veränderung gewachsen. Ich interpretierte hier, daß scheinbar etwas Unerledigtes und Konfliktreiches aus der letzten Sitzung herüberreiche, das schwer anzusprechen sei, weil der Konflikt mit mir oder mit realen Konsequenzen zusammenhänge. Dies griff ein Gruppenmitglied so auf: Er sei in der letzten Sitzung schlecht weggekommen. An ihm seien nur negative Charaktereigenschaften festgestellt worden: Er identifizierte sich mit vielen Patienten, könne ihnen nicht konfrontierend gegenübertreten, weiche Konflikten aus. Dies mache er, um von allen gemocht und anerkannt zu werden. So habe er es das letzte Mal verstanden. Er hatte in der Zwischenzeit viel darüber nachgedacht, stimmte dem teilweise zu. Er fühlte sich häufig von den Patienten manipuliert, wisse oft gar nicht, um was es ginge. Der leitende Arzt unterstützte ihn in seiner Beschwerde gegenüber mir, zu wenig die positiven Seiten herausgearbeitet zu haben. Das mußte ich zugestehen, hatte aber das Gefühl, es spielten andere, mir noch unbekannte Dinge eine Rolle. Ich versuchte, die Situation zu verstehen. Dabei erinnerte ich mich, daß ich in der ersten Sitzung tatsächlich diesem Mitarbeiter gegenüber in eine Position gerutscht war, indem ich ihn für zu unerfahren für die schwierigen Patienten hielt, die ihm anvertraut waren. Auch seine auffällige Suche nach Anerkennung und die Konfliktscheu hielt ich für problematisch im Umgang mit schwer gestörten neurotischen Patienten. Mir war dabei nicht klar geworden, daß vielleicht ein Gruppenproblem dargestellt wurde – ich sah den einzelnen. Damit hatte ich ihn überlastet, also genau den Fehler gemacht, den ich sonst kritisiere. Mein Versuch, ihn als Repräsentanten der Patienten im Mitarbeiterteam zu interpretieren, ging in die gleiche Richtung: Er war damit der Patient geworden. Seine beruflichen Aufgaben blieben unbesprochen. Mit diesen Überlegungen war für mich geklärt, daß sich dieser Mitarbeiter zu Recht gegen mich wehrte. Er tat dies aber nicht in der Form einer Auseinandersetzung, sondern kleidete seine Bemerkungen in eine Bitte um Aufklärung und nachträgliche Anerkennung durch mich. Das war es gewesen, was mich stutzig gemacht hatte, neben der Unterstützung durch den Leiter der Klinik. Als dann in mir das Gefühl wuchs, diesen Mitarbeiter von mir »abwimmeln« zu wollen, besonders seine Ansprüchlichkeit, konnte ich wieder zur Gruppe zurückkehren. Ich interpretierte, daß die erste Sitzung einerseits aufgedeckt hatte, wie und inwiefern die einzelnen Persönlichkeitsstrukturen, soweit sie in Ansätzen deutlich wurden, mit der Struktur und Arbeitsweise der Klinik quasi zufällig übereinstimmten, andererseits war in dieser Strukturierung auch alles eingebunden und strukturell aufgefangen, was an konflikthafte Auseinandersetzungen erinnern konnte. Die dahinterstehende Absicht war die eines Harmoniebestrebens, »gute« und nicht zerstrittene Eltern für die Patienten zu sein. Abweichungen davon wurden sanft, doch bestimmt sanktioniert. Dadurch war es schwierig geworden, die Konflikte mit den Patienten durchstehen zu können. Dieses Problem wurde auf den oben erwähnten Mitarbeiter verschoben, individualisiert, um die insgesamt gefürchteten Konflikte aus dem Mitarbeiterteam herauszuhalten. Die Arbeitsfähigkeit der Mitarbeiter war somit eingeschränkt, auf einem scheinbar harmonischen Niveau stagniert. Die Aufrechterhaltung dieser Pseudo-Harmonie kostete viel Kraft, die dann für die Arbeit mit Patienten verlorenging. Mit diesen Überlegungen konfrontiert, begannen die Mitarbeiter, über einzelne schwierige Patienten zu berichten. Die Regression der Gesamtgruppe mir gegenüber in die Position der Abhängigkeit und der Angst vor Kritik schien erstmals aufgelöst zu sein, die Gruppe war wieder zu einer Arbeitsgruppe (*Bion* 1961) geworden: Die Besprechung der schwierigen Patienten konnte durch die Gruppe selbst geleistet werden, die wesentlichen Aspekte des Problems wurden beleuchtet; dann kam man zu Entscheidungen. Gegen Ende der Sitzung wurde wieder ein Problem eines Mitarbeiters angesprochen, dies deutlich im Hinblick auf meine Gegenwart, die den »guten« Ausgang einer eventuell notwendigen Auseinandersetzung gewährleisten sollte.

Ich habe diese zweite Sitzung nicht vollständig beschrieben, es kommt mehr auf den Abschnitt an, wo ein Fehler des Leiters, der in seiner Gegenübertragungsreaktion einen Mitarbeiter zum Patienten macht, damit einen Gruppenabwehrmechanismus am Leben erhält. Die Arbeit an den Patienten stagnierte, bis dieser Mechanismus aufgeklärt war. Das Verführerische dieser Gruppenabwehr bestand darin, daß der erwähnte Mitarbeiter tatsächlich an den auf ihn zusätzlich verschobenen Konflikten litt. Eine deutliche Ausnahme bildete die Konfliktscheu, da er schließlich der erste war, der einen Konflikt mit mir verbalisierte. Hier wurde mir wiederum die Foulkes'sche Konzeption des Netzwerks deutlich: Die Gruppe leidet an Konflikten, die in diesem Beispiel mit den Idealen der Gruppe nicht in Einklang zu bringen sind: Auf Grund des Harmoniebestrebens war die Konfliktfähigkeit mit den Patienten eingeschränkt. Dies war nicht akzeptabel, es wurde ein Gruppenmitglied gesucht, das auf Grund eigener individueller Probleme diese Konflikte übernahm, wodurch die Gesamtgruppe scheinbar befreit war. Man konnte das Problem an diesem einen personalisieren und dadurch projektiv abwehren. Damit dieser auch bereit blieb, das für die anderen auszutragen, wurde er wechselnden positiven (z. B. die Unterstützung im Konflikt mit mir durch den Klinikleiter) und negativen Sanktionen (wird z. B. auch von anderen Gruppenmitgliedern zum Patient gemacht) ausgesetzt. Er selbst ist für diese Rollenübernahme auf Grund der persönlichen Genese, die sich in einer individuellen Übertragungssituation auf mich aktualisierte, wie geschaffen. Meine Gegenübertragung war somit sowohl von ihm als auch der ganzen Gruppe beeinflußt. Sie war Reaktion darauf, daß mir von der Gruppe ein Gruppenproblem vorgestellt wurde, dies aber in der Form eines drängenden individuellen Konflikts, was dann schon die Abwehr war, auf die ich zuerst unbewußt einging. Ich schildere dieses Beispiel, da ich aus der Erfahrung in der Weiterbildung von Gruppenanalytikern immer wieder mit dieser wohl zentralen Schwierigkeit konfrontiert wurde: Ein einzelnes Gruppenmitglied zieht die gesamte Aufmerksamkeit des Leiters und der Gruppe auf sich. Es ist nach Foulkes der »Knoten im Netzwerk«. Das individuelle Problem ist als Figur vor dem Hintergrund der dahinterstehenden Geschichte und dem Gruppenprozeß zu verstehen. Es wird gelegentlich die Meinung vertreten, wenn man den Gruppenprozeß deute, vernachlässige man das Individuum und umgekehrt. Die spezifische Verschränkung, Vernetzung dieser scheinbaren Alternativen auf der Grundlage der jeweiligen Gruppenmatrix gerät dabei aus dem Blickfeld. Wie mühsam ich selbst bei meinen Überlegungen dann doch auf die Ebene dieser Matrix kam, wodurch dann sehr schnell die Arbeits- und Integrationsfähigkeit der Gruppe verbessert wurde, zeigt m. E. auch kulturell determinierte Erziehungsfaktoren auf, in denen Individuum und Gruppe als Gegensatz vermittelt wurden.

Erfahrungen in der Team-Supervision mit den starken Abhängigkeiten untereinander zeigten mir immer wieder, daß diese Gesichtspunkte unbedingt beachtet werden müssen. Es besteht sonst die Gefahr, daß derjenige, auf den die Gruppe den Konflikt personalisiert, schließlich doch aus der Gruppe ausgeschlossen wird, wie zum Beispiel durch Kündigung, wenn der dahinterstehende Abwehrvorgang nicht aufgehellt wird. Da die Teams gleichzeitig Institution sind, haben sie ein nicht zu unterschätzendes Potential an strukturellen, instrumentellen und personellen Veränderungsmöglichkeiten parat, in denen die Konflikte schnell kanalisiert oder in die Institutionsstruktur eingebaut werden können. So hatte man in der Zwischenzeit zwischen der ersten und der zweiten Sitzung schon überlegt, ob man diesen Mitarbeiter nicht auf eine andere Stelle versetzen sollte, wo er weniger mit Patienten in Berührung käme. Nach der Aufdeckung des Vorgangs der Personalisierung und der für diesen verantwortlichen Ängste konnten viele Mitarbeiter eigene Schwierigkeiten, gerade bei der Konfrontation mit den Patienten, darstellen. Diejenigen, die von diesen Konflikten weniger belastet waren, brachten bei der nachfolgenden Fallbesprechung über ihre Assoziationen alternative Lösungsmöglichkeiten ein. Sie waren vorher mehr oder weniger schweigsam gewesen, wohl auch unter dem unbewußten Druck der Dynamik der Gruppe.

Treffen von Entscheidungen, Kompetenzen des Supervisors

In einer späteren Sitzung begann nach kurzer Zeit des initialen Schweigens eine Frau: Seit Monaten ringe sie im Team um eine vernünftige Rauchregelung. Zu mir gewandt schilderte sie, wie sämtliche Teamsitzungen für sie unerträglich würden, da ihre Mitarbeiter dauernd rauchten (die Supervision war da wohl die Ausnahme gewesen, mir war das Rauchen nicht besonders aufgefallen, es hatten aber gelegentlich einzelne geraucht; es konnte meist verstanden werden als Ersatzbefriedigung für gerade erlittene Frustrationen). Sie wies darauf hin, daß sie schon gegen das Rauchen während der Sitzungen eingetreten sei, als sie selbst noch viel rauchte. Ihr Tonfall dabei war etwas mäkelnd und ohne Glauben an Erfolg. Ich sollte wohl etwas unternehmen (Gegenübertragungsgefühl). Zuerst wurde sie aus der Gruppe wegen dieses »moralisierenden« Tonfalls kritisiert: Damit habe sie schon gar keinen Erfolg. Sie wurde wütend, verwandelte die Wut in längere Erklärungen des Nicht-Rauchens, u. a. auch gegenüber den Patienten. Sie schaffte sich eine schwierige Situation: Unbewußt appellierte sie an das »schlechte Gewissen« und das »Über-Ich« der anderen, entwertete damit die eigenen Argumente. Damit und mit ihrem Tonfall provozierte sie die anderen zu emotionalen Gegenreaktionen, wohl um das gefürchtete

Scheitern der eigenen Absichten unbewußt zu erreichen. Dabei sollten die anderen ein starkes Schuldgefühl wegen ihrer Zurückweisung erleben. Als weder sie selbst noch die Gruppe auf eine vorsichtige Intervention (»die Gruppe habe einen Konflikt, der aber unlösbar bleiben soll«) meinerseits reagierte, machte ich das Rauchen wieder zu dem Gruppenproblem, das ich vermutete: Die Suche nach einem stellvertretenden Konflikt, bei dem relativ gefahrlos aufgestaute Aggression abgeführt werden konnte und die Konsequenzen nicht die waren, die gefürchtet wurden. Auf die speziellen Schwierigkeiten, die diese Frau einbrachte, wollte ich dann zu sprechen kommen, wenn von der Gruppe dafür mehr Bereitschaft signalisiert wurde. Auf die zweite obige Interpretation reagierte die Gruppe mit Hochspannung, konnte das Problem demnach nicht ansprechen, da ich mit meiner Interpretation noch nicht nahe genug am abgewehrten Material und am Widerstand war; ich ahnte das nur. Nun ging ich mit dieser Ahnung, daß der abgewehrte Konflikt, vielleicht in unkenntlich gemachter Form, auch im dargestellten Problem des Rauchverhaltens enthalten sein müsse und die Gruppe weiterhin in Hochspannung schwieg, auf das Rauchen ein und ließ mich (zum Zwecke der Realitätskontrolle) ausführlich über die Rauchgewohnheiten während der Sitzungen informieren. Es stellte sich heraus, daß die beiden Mitarbeiter, die sich gegen eine Rauchregelung am heftigsten gewehrt hatten, heute nicht anwesend waren. Es gab aber schon einen Beschluß zum Rauchen, nämlich während der Team-Sitzungen das Rauchen zu unterlassen. Da immer diese eine Mitarbeiterin in ihrem speziellen Tonfall auf die Regelung achtete, erreichte sie meist das Gegenteil. Ich griff diesen alten Beschluß auf, fragte nach anderen möglichen Regelungen, nach den Einwänden der beiden nicht anwesenden Mitarbeiter, die aber vom heutigen Thema wußten (es hatte eine Vorbesprechung zur Supervision gegeben, in der vereinbart wurde, über das Rauchen während der Sitzungen zu sprechen). Deutlich wurde nebenbei, daß diese Klinik ausschließlich Konsensusentscheidungen traf, mit Einstimmigkeit. Jeder einzelne, wenn er nachträglich noch irgendwelche Argumente gegen eine Entscheidung fand, konnte vorherige Beschlüsse außer Kraft setzen. Dies hatte sich so eingespielt und bewirkt, daß immer weniger Beschlüsse gemeinsam gefaßt wurden, um sowohl die Mühe der Beschlußfassung als auch die spätere Frustration beim Außerkraftsetzen eines Beschlusses zu vermeiden. Solche frustrierenden Vorgänge kenne ich aus vielen Teams, deren Vorstellungen von Zusammenarbeit mehr ideologischen Argumenten folgen: »Wir kooperieren«, »wir sind demokratisch« usw., ohne dafür Zeit aufzuwenden, den schwierigen Weg bis zur Kooperation oder zum demokratischen Führungsstil zu gehen. Hier hatte dies auch mit dem Klinikleiter zu tun, der seine Funktion mehr im Sinne des Leitens der Diskussionen verstand, eigene, sogenannte »einsame Beschlüsse« vermied. Mir schien es dabei zusätzlich um ein Autoritätsproblem zu gehen, da die Führungsfunktionen im Sinne einer Laissez-faire-Gruppe geleugnet wurden. Macht wurde nur in ihrer Negation akzeptiert oder bedurfte einer unverrückbaren äußeren Legitimation, hinter der man sich dann verstecken konnte (siehe hierzu: *Pfannschmidt* 1985).

Diese Überlegungen geben das Gespräch der Gruppe, mich eingeschlossen, im wesentlichen wieder. Ich hatte inzwischen die Position verlassen, in der die Gruppe gefährliche und destruktive Kritik meinerseits befürchtete. Im Sinne der Gruppendynamik versuchte ich dann, die wesentlichen Grundlagen für die Rauch-Entscheidung exemplarisch zusammenzutragen, um zu einem endgültigen Beschluß zu kommen, der dann auch von einem geeigneten Gruppenmitglied überwacht werden sollte. Dabei versuchte ich immer noch, den zugrundeliegenden Konflikt in der abgewehrten Form ausfindig zu machen, auch indem ich den Konflikt um das Rauchen weitertreiben ließ. In einer späteren Sitzung stellte sich heraus, daß der von mir vermutete Konflikt mit realen Kündigungsgefahren zusammenhing, auch mit Mißtrauen gegenüber dem Klinikleiter. Dieser Bereich war so gefährlich, daß es in dieser Sitzung noch zu keiner Klärung diesbezüglich kommen konnte. Es wurde ein Beschluß zum Rauchen gefaßt, eine andere Frau übernahm obige Rolle, sie wollte sich selbst so am Rauchen hindern. Hierzu meinte der

Klinikleiter, dies sei die erste Mehrheitsentscheidung gewesen. Er sei froh darüber. Die Gruppe kam dann noch ausführlicher auf das Problem des Treffens von Entscheidungen zu sprechen.
In der zweiten Hälfte der Sitzung wurden übergangslos einige Patienten-Vollversammlungen diskutiert, anhand derer ich gebeten wurde, etwas über die Theorie der Großgruppe, wie sie in London am Group-Analytic-Institute gelehrt würde, zu berichten. Mit Hilfe der Assoziationen und anderen, recht offenen Beiträgen konnten typische Großgruppensituationen herausgearbeitet und mit der bestehenden Theorie und Erfahrung mit Großgruppen verglichen werden (*Kreger* 1975, *Gfäller* 1984).
Der Themenwechsel vom Rauchen zur Großgruppe war auf der realen Ebene verständlich als Ausdruck dafür, daß die Supervision nicht unbedingt für Rauchprobleme erforderlich war; auf der Übertragungsebene hatte ich mich durch die Interventionen zu den Entscheidungsprozessen selbst zum »Experten« machen lassen, der danach nach seiner Legitimation (Frage nach Großgruppentheorie) gefragt wurde. Auf einer dritten Ebene war der Themenwechsel eine Abwehr gegen die Verwischung von Arzt- und Patienten-Rolle: In der Großgruppe, wie sie berichtet wurde, waren wieder klare Verhältnisse: Die Patienten einerseits (die »Raucher«), und die Gesunden, das Personal, andererseits. Damit konnte die starke Regressionstendenz einzelner mir gegenüber (die Mitarbeiter stellten sich teilweise als völlig entscheidungsunfähig dar, was der täglichen Realität keineswegs entsprach) in einer Kompromißbildung (ich als Fachautorität) unter teilweise Kontrolle gebracht werde. Um dabei die Ich-Funktionen der Gruppe wieder zu stärken, hatte ich, nachdem von verwirrenden Großgruppensituationen gesprochen wurde, von allgemeineren Erfahrungen und auch theoretischen Erwägungen über Großgruppen, in denen ich mich auf die Assoziationen der Teilnehmer bezog, gesprochen. Eine direktere Interpretation im obigen Sinne konnte ich während der Sitzung noch nicht geben. Ich hatte durch mein teilweises Mithandeln meine Gedanken noch nicht so klar vor mir, spürte immer noch eine unbestimmte Abwehr von Konflikten, mir lag auch an den Rückkehr

zur Arbeit mit den Patienten. Zudem war die Gruppe in der Anfangsphase, hatte von sich aus noch wenig signalisiert, die Übertragungssituation mir gegenüber beleuchten zu wollen. (Dies war der Grund, warum ich nicht stärker dem vermuteten Konflikt nachging.) Bei einer zu frühzeitigen Deutung hätte ich zudem vielleicht wesentliche (siehe oben) Dinge übersehen, so daß mein Bemühen mehr in die Richtung der Aufrechterhaltung und Verbesserung der Kommunikation ging, damit aus der Gruppe später von selbst solche Interpretationen und mehr Material kommen könnten. Dieses Beispiel zeigt aber noch etwas anderes: Themenwechsel innerhalb einer Gruppe können recht aufschlußreich sein, da sie oft das gleiche Problem von einer anderen Seite beleuchten, gewissermaßen eine innerlich stringente Assoziationskette darstellen; die unbewußten Phänomene, die ich hierzu erwähnen möchte, sind:

a) Die Gruppe stellt ein Problem, das Rauchen, dar, dies mit dem Zusatz der Unlösbarkeit, da die Frau, die es einbringt, von den anderen zurückgewiesen wird. Außerdem sind entscheidende Personen nicht anwesend. Es wird ein emotionaler Abfuhrkanal geschaffen, der aber unbefriedigend bleibt, da zum einen Verletzungen geschehen und zum anderen das Problem gar nicht gelöst werden darf, da dann das zugrundeliegende Problem unweigerlich auftauchen würde. Meine Interpretation in dieser Richtung erhöht nur die Spannung drastisch, das Problem kann nicht angesprochen werden, bleibt unbewußt, da die damit verbundenen existentiellen Gefahren zu bedrohlich erscheinen. Nach Reduzierung der Spannung über die Entscheidungen und die Rauchregelungen macht die Gruppe deutlich, daß sie immer noch bedroht und verwirrt ist (Großgruppen), von mir Hilfe erwartet. Diese Hilfe durch mein Sprechen über Großgruppen deutet für die Gruppe an, vielleicht später auf dieser Grundlage dann den abgewehrten Konflikt besprechen zu können.

b) Auf einer anderen Ebene hatte ich mich durch mein aktives Eingreifen zur Rauchregelung in einer neuen professionellen Rolle (*Bosse* 1982) eingebracht, die die Gruppe im zweiten Teil zunächst hinterfragte. Auch diese Stärkung meiner professionellen Rolle war spätere Grundlage für die Sitzungen, in denen es dann um die Ängste vor Kündigungen gehen sollte. Es mußten solide Arbeitsgrundlagen mit mir geschaffen werden, die den späteren Konflikt überstehen.

Umgang mit der Drohung realer Konsequenzen

Nachdem in mehreren weiteren Sitzungen einerseits die Konfliktfähigkeit sowohl innerhalb des Teams als auch gegenüber den Patienten verstärkt wurde, und andererseits sich die Arbeitsbeziehung mit mir stabilisierte, konnte ein weiterer zentraler Konflikt innerhalb des Teams angegangen werden. Die Gruppe sprach kurz über einige Patienten, die die Klinik verlassen müßten, sollten sie weiter gegen Regeln verstoßen. Dann schwiegen sie. Nach einiger Zeit fragte ich, wie es mit dem Rauchen jetzt aussehe. Ein Gruppenmitglied explodierte wütend: Er fühle sich hintergangen, sei wütend, besonders auf die Frau, die das Problem damals einbrachte. Daraufhin beschimpften sich die beiden, gingen kränkelnd miteinander um. Nach einiger Zeit interpretierte ich, daß mit diesen Beschimpfungen einerseits lange aufgestaute Wut abgeführt werde, andererseits sollte dadurch die eigentlich bestehende Zuneigung zueinander gewaltsam zerstört werden, um sich gegenseitig zum Feind zu machen, mit dem man streiten könne. Später flocht ich die Bemerkung ein, daß durch die früheren Harmoniebestrebungen, wie damals erarbeitet, Ich-Funktionen herabgesetzt wurden und eine teilweise Verschmelzung des Teams erreicht wurde, bei der das Sich-getrennt-vom-anderen-Erleben als unerträglich und als eigener innerer Verlust verspürt werde. Die Gruppe konnte diese Interpretationen annehmen und sprach dann sachlicher weiter: Mit der Rauch-Regelung sei es lange gut gegangen, bis ein heftiger Konflikt zwischen einem Befürworter des Rauchens und einer Gegnerin anhand einer Nichtigkeit ausbrach. Wie die Gruppe mir mitteilte, war es in diesem Konflikt, der zwischen der letzten und der jetzigen Sitzung stattfand, auch um Kompetenzfragen gegangen, was dann in einer Mitarbeiterbesprechung auf die Supervision vertagt wurde; es war spürbar gewesen, daß es um einen tieferliegenden Gruppenkonflikt ging, den man mit meiner Hilfe lösen wollte. Eine Teilnehmerin meinte interpretativ, daß in der Klinik zwischen Männern und Frauen Schwierigkeiten angewachsen seien, daß sich die Männer von den Frauen bedrängt und dominiert fühlten. Auch bei den Patienten erlebe sie oft diese Angst vor Frauen, die dann häufig von den Männern als minderwertig oder schlecht abgewertet würden. Das weitere Gespräch ergab, daß dies wohl bei den Patienten vielfach so wäre, dies spielte im Team schon auch eine Rolle, aber das heutige Problem wäre anders gelagert. Daraufhin äußerte ich die Vermutung, ob mit Hilfe des Rauchproblems nicht ein scheinbar ungefährlicher Kanal für Konflikte und Aggressionsabfuhr gesucht würde, da das direkte Angehen der Konflikte vielleicht mit bedrohlichen Konsequenzen für einzelne oder Gruppen verbunden wäre, was vermieden werden sollte. Das wurde nun durch den weiteren Verlauf bestätigt. Der Klinikleiter begann mit sichtlicher Überwindung zu sprechen: Er habe große Schwierigkeiten mit (ich nenne sie hier:) S. Sie habe sich seit einigen Monaten deutlich verändert, bei Besprechungen erzähle sie kaum mehr von ihren Patienten, so daß er keinen Überblick mehr über ihre Arbeit habe. Aufgrund der früher guten Zusammenarbeit wisse er um ihre Qualifikation, fühle sich jetzt aber bei jedem fachlichen Gespräch von ihr zurückgewiesen, bei Mitarbeiterbesprechungen vertrete sie in ideologisierender Weise Themen, die mit der Arbeit im Haus nur wenig zu tun hätten. Es seien mehrfach Beschwerden von Nachsorgeeinrichtungen über ihre Station gekommen. Bisher habe er sie gedeckt, nun wolle er aber wissen, was mit ihr los sei. Er habe zuerst persönliche Schwierigkeiten vermutet, die sich vielleicht legten. Aber wegen ihrer auch emotionalen Unerreichbarkeit könne er so mit ihr nicht mehr arbeiten. Sie hatte ihn bei seiner Rede gelegentlich unterbrochen, sich unverstanden gefühlt. Dann kamen weitere Bemerkungen von anderen Teammitgliedern, die in die Richtung gingen, daß sie sich tatsächlich seltsam verhalte, daß kaum mehr Kommunikation mit ihr möglich sei. Ein Beitrag deutete Verständnis an. Ich erlebte die Situation so, daß einmal wohl ein Gruppenmechanismus am Werke war, diese Frau zum Sündenbock zu stempeln (sie verhielt sich aus Angst vor Verletzungen besonders aggressiv), zum anderen waren aus den sachlichen und emotional getönten Bemerkungen der anderen Mitarbeiter und auch von ihr tiefere persönliche Schwierigkeiten zu spüren. Die Spannung in der Gruppe erreichte ihren Höhepunkt, als S., anstatt auf die später teilweise wohlmeinenden Bemerkungen einzugehen, die Vermutung äußerte, sie solle gekündigt werden. Ich selbst fühlte mich unter einer enormen Belastung, die ich dann so verstand: unbewußt war die äußere Realität der Institution mit den wirklichen Abhängigkeiten und Anforderungen in eine Gegenrealität der Supervisionsgruppe verwandelt worden, in der ausschließlich die Bedingungen gelten sollten, die ich setzte. Es war mir die Verantwortung für das weitere Geschehen übertragen worden. Die Supervisionsgruppe war in der Gruppenphantasie die Realität der Institution geworden. Um diese Übertragung anzugehen und gleichzeitig die inzwischen unerträgliche aggressive Spannung der Gruppe analysieren zu können, erkundigte ich mich nach dem Inhalt der Beschwerden der Nachsorgeeinrichtungen (Realitätsprüfung). Hier erwies es sich, daß diese in ihrer konkreten Form weitgehend unberechtigt, aber Zeichen von einem allgemeinen Druck auf die Klinik waren, der in die Richtung ging, die therapeutische Potenz und Funktionalität der Arbeit der Klinik zu bezweifeln, was schon Auswirkungen auf die Verhandlungen mit den Kostenträgern hatte. Hier stand vor allem der Klinikleiter unter Druck, da er sich persönlich sehr weitgehend mit »seiner« Klinik und deren Arbeit identifizierte. Als diese realen Gefahren angesprochen waren und ersichtlich wurde, daß hiermit nicht allein die Arbeit von S. betroffen war (ich wies kurz auf die Verschiebung auf S. hin), verminderte sich die Spannung, so daß nun der Konflikt mit S. näher beleuchtet werden konnte. Der Leiter ging wieder auf seine persönlichen Schwierigkeiten mit S. ein: Sie weise ihn zurück, lache ihn aus, gerade wie jetzt, wodurch er so wütend werde, daß er ihr am liebsten aus dem Wege ginge. S. begann zu weinen und wandte sich an mich um Unterstützung. Ich sagte, daß anscheinend schon lange nicht mehr offen miteinander gesprochen worden war, fragte sie, ob sie spüre, wie sie selbst den Leiter verletze, der anscheinend doch positiv ihr gegenüber eingestellt wäre. Sie sah ihn daraufhin länger an, weinte schließlich wieder vor sich hin. Dann fing sie an, die anderen erneut anzugreifen. Andere Gruppenmitglieder versuchten sie zu besänftigen und wiesen darauf hin, daß diese seltsame Vorwärtsverteidigung gerade dazu führe, mit ihr nicht mehr zu sprechen. Nachdem aus der Gruppe nochmals deutlich gemacht wurde, daß der Konflikt mit S. nicht viel mit dem Druck von außen auf die Klinik zu tun habe, somit also nicht vom Sündenbock gesprochen werden könne, sondern von realen Schwierigkeiten der Zusammenarbeit, begann S. mit mir ein längeres Gespräch, in dem sie mir mitteilte, daß sie ihr selbst wesentliche Anteile von Anschauungen und Verhalten hier in der Klinik unterdrücke. Sie hatte sich vor Monaten einer Sekte angeschlossen, in der sie sich wohl und aufgehoben fühlte, die aber auch Ansprüche nach Darstellung ihrer Mitgliedschaft nach außen stellte. Das könne sie hier nicht. Der Leiter wies an dieser Stelle darauf hin, daß er mit dieser Sekte nichts zu schaffen haben wolle. S. erzählte dann ausführlicher über ihr Identitätsproblem. Einige andere Gruppenmitglieder zeigten Verständnis und fragten nach der Notwendigkeit der von der Sekte geforderten Außendarstellung. Sie berichtete dann weiter über die ihr wichtigen Erfahrungen in der Sekte. Ich interpretierte, daß sie mit der Unterdrückung des Zeigens ihrer Mitgliedschaft in dieser Sekte, da ihr diese so wichtig geworden war, auch ein Stück ihrer eigenen Identität verleugne und gerade dadurch für die anderen unerreichbar würde. Sie zwänge die anderen, die mit ihr vorher engen Kontakt hatten, immer mehr, nach ihr und ihrer Persönlichkeit zu suchen; gelänge dies nicht befriedigend, würden sicherlich Konsequenzen bedacht. Nach einigen Angriffen auf S., die ich so interpretierte, daß diese provokative Versuche wären, ihre Persönlichkeit hervorzulocken, entwickelte sich in der Gruppe Trauer über die sich andeutende Trennung von S. Sie hatte sich aber schon lange entschieden, wie sie sagte, daß sie im Falle eines deutlichen Konflikts zwischen den beiden Rollen als Sektenmitglied und Mitglied der Klinik letztere verlassen würde. Mehrere Teilnehmer versuchten, sie doch noch zu halten, indem sie von ihren Qualitäten als Therapeutin sprachen, die sie nicht missen wollten. Der Klinikleiter faßte die Situation nochmals zusammen: Sie könne in der Klinik bleiben, falls ihre Mitgliedschaft in der Sekte nicht weitere störende Auswirkungen auf die Zusammenarbeit habe. Ansonsten wolle er sich von ihr trennen. Er fügte hinzu, daß dies ihm angesichts der früheren guten Zusammenarbeit nicht leicht falle. Zwar griff ihn S. dann nochmals an, er hätte ein falsches Spiel mit ihr getrieben, sie konnte sich aber an meine Interpretation am Anfang erinnern, die zuerst unterging, nämlich daß sie selbst Widerstände und Konflikte provoziere. Das wollte sie sich bis zur nächsten Sitzung überlegen.

In dieser begann S. dann mit ihrer Entscheidung, die Klinik zum Quartalsende zu verlassen. Diese Sitzung war vom Abschied von S. geprägt. Es konnten nochmals sowohl die positiven als auch die negativen Ereignisse, wie auch die Trauer dargestellt und durchgearbeitet werden. Die Entscheidung war geklärt und damit fest. Auf der unbewußten Ebene hatten sich neue Konflikte angedeutet: Bedrohte die Institution jegliche Individualisierung? War es deshalb erforderlich, wieder das alte harmonisierende Verhalten aufzugreifen? Um diesbezügliche Ängste besprechen zu können, bat ich an dieser Stelle den Leiter, noch einmal ganz konkret die Anforderungen der Kostenträger und die der Trägergesellschaft der Klinik darzustellen. Da dadurch auf der Ebene der Realität und der Institution mehr Klarheit geschaffen war, konnten anschließend einige Teilnehmer ihre vorherigen Ängste erleichtert schildern und im Zusammenhang mit regressiven Übertragungsvorgängen auf den Klinikleiter und die Gesamtinstitution sehen. Der Zusammenhang mit der Projektion der phantasierten institutionellen Macht an mich konnte von der Gruppe noch nicht ganz erfaßt werden, da diese Übertragung noch weiter bestehen bleiben sollte, vor allem als Möglichkeit, um darauf zurückgreifen zu können. Ich sollte hierin »Schutzschild« der Gruppe sein, gleichzeitig »Behälter« und »fördernde Umwelt« (*Winnicott* 1965), die Gruppe insgesamt eine Gegeninstitution, in deren Rahmen Gefahren auf ein Minimum reduziert werden konnten. Diese Position ist im Rahmen der Team-Supervision unrealistisch, eine halluzinatorische Wunscherfüllung. Sie muß analysiert werden, da unkontrollierbare Handlungsweisen der Teilnehmer auf dieser Basis möglich sind, die aufgrund der andersgearteten Position des Leiters in Team-Supervisionen (die Grenze von Institution und Supervisionsgruppe geht nicht durch den Gruppenleiter) nicht mehr steuerbar sind; sie geschehen z. B. während der Wochen zwischen den Supervisionen. In Therapiegruppen kann eine solche Übertragung durchaus anwachsen und bestehen bleiben, da die Teilnehmer sich weder untereinander treffen noch real abhängig voneinander sind. Die Analyse dieser Situation kann von jedem Gruppenmitglied oder dem Leiter ausgehen. Sie muß nur stattfinden. So begann diese Gruppe, sich mit den Strukturen innerhalb der Klinik auseinanderzusetzen. Schließlich sprach man auch über meine Rolle insofern, als die Meinung vertreten wurde, ich hätte eine stabile Beziehungsstruktur in die Gruppe eingebracht, auf der dann die Konflikte als ansprechbar und lösbar erschienen. Dabei zeigte S. durch die aktive Teilnahme am Gespräch, daß sie weiterhin bis zum vereinbarten Kündigungstermin voll mitarbeiten wollte.

In diesen beiden Sitzungen waren die institutionellen Abhängigkeiten deutlich geworden: Konflikte in der Zusammenarbeit mit S. hatten sich aus Angst vor den Konsequenzen des Konflikts auf einen scheinbar ungefährlichen Bereich, die Rauchregelung, verschoben. Da diese Verschiebung letztlich nicht dazu diente, die Konflikte zu lösen, wurde die Verschiebung durch einen zweiten Verdrängungsakt einerseits bestärkt, andererseits im Sinne der Wiederkehr des Verdrängten verdeutlicht: S. wurde zusätzlich zum Sündenbock für Probleme der Gesamtinstitution gemacht. Dies wurde mit Hilfe der Konfrontation mit der Realität

offensichtlich und durch Interpretation und nachfolgende weitere Analyse aufgedeckt. Im gleichen Zuge wurde damit die Verschiebung auf das Rauchen bewußt, nachdem mit Hilfe von weiteren Realitätsprüfungen und Interpretationen das zugrundeliegende Problem angesprochen wurde: Unbewußt »wußte« die Gruppe, daß die Auseinandersetzung mit S. und ihrem Verhalten eine Situation heraufbeschwor, vor der alle Angst hatten: Die Trennung von S. und Klarstellung von Bedingungen der Zusammenarbeit. Jedes Teammitglied hatte Angst, wegen Fehlern eventuell ebenfalls gekündigt zu werden. Es erinnerte zudem an Ängste in früheren Sitzungen. Es bestand auch Gefahr für die gesamte Institution durch die Auseinandersetzungen mit den Kostenträgern. Diesen äußeren Druck hatte der Klinikleiter zuerst auf sich konzentriert. Mit der Teilnahme an der Verschiebung auf S. wollte er sich entlasten. Institutionsanalytisch gesehen traten hier auch Schwächen der bisherigen Struktur zutage: Da sich der Leiter sehr mit »seiner« Klinik identifizierte und gleichzeitig deutliche Aggressionshemmungen hatte, teilte er den anderen den Druck von außen erst in dieser Sitzung klarer mit, nachdem die Verschiebung des Konflikts auf S. nicht mehr möglich war. Er hatte sich trotz gewollter demokratischer Leitung Bereiche mittels Informationsmonopols für sich und autonome Entscheidungen vorbehalten, was schon einmal zu einer Verunsicherung des gesamten Teams beigetragen hatte.
Auf dieser geklärten Grundlage konnte dann der Konflikt mit S. dargestellt und zu einer Entscheidung geführt werden. Nachdem nochmals ausführlicher die Struktur der Klinik und die Bedingungen für die Zusammenarbeit besprochen worden waren, konnten die Teilnehmer eigene Ängste äußern, die nun als unrealistisch erkannt wurden. Von Wichtigkeit war auch die Untersuchung der Übertragungsphantasien auf den Supervisor. Dessen Rolle läßt sich dabei mit mehreren Funktionen umschreiben, soweit nicht schon oben geschehen: Er war Katalysator, indem man ihm als einen von allen anerkannten Dritten in Dialogen mit ihm oder im Hinblick auf seine klärende und sichernde Anwesenheit bisher als übermäßig gefährlich angese-

hene Konflikte darstellen konnte. Er war zugleich die »personifizierte Sicherung« der Kontinuität der weiteren Zusammenarbeit. Diese Funktion hing neben dem Erwähnten mit einem Vorgang vor Beginn der Sitzung zusammen, in dem für das gesamte nächste Jahr die Termine für die Supervisionssitzungen verbindlich vereinbart wurden. Diese Terminvereinbarung hatte ich angeregt, wohl aus dem unbewußten Wissen um die kommenden Konflikte. Die Bedeutung administrativer Maßnahmen für die Gruppe und das spätere Gruppengeschehen wurde mir so nochmals verdeutlicht.

Unterschiede zu anderen Techniken

Michael *Balint* (1961, 1975) und seine Mitarbeiter entwickelten mit Sozialarbeitern und hauptsächlich mit niedergelassenen Ärzten eines der ersten psychoanalytisch orientierten Gruppen-Supervisionskonzepte, die »Balint-Gruppe« (*Loch* 1969). Ich will hierauf nicht ausführlich eingehen, da dies in einem anderen Beitrag dieses Buches geschieht. Hervorzuheben ist, daß Balint seine Technik mit voneinander weitgehend unabhängigen Personen entwickelte und somit institutionelle Verflechtungen weitgehend außer acht lassen konnte. Dieser Punkt kann in bezug zu Foulkes nicht als entscheidender Unterschied angenommen werden, da die Gruppenanalyse auch in diesem Feld Supervision durchführt. Bei Team-Supervisionen hätte m. E. auch Balint die institutionellen Verpflechtungen berücksichtigt. Nur würde ich vermuten, daß er die Rahmenbedingungen eher als störende Außenphänomene gesehen hätte, die zu interpretieren gewesen wären, um die Arbeit innerhalb der Gruppe ungestört durchführen zu können. Für Foulkes hingegen sind die Rahmenbedingungen immer eine der Ebenen innerhalb der Gruppe, ohne deren Betrachtung und Analyse die Gruppe den Kontakt zur Realität verlieren kann. Im Bereich der Falldarstellungen unterscheidet sich Balints Technik nur unwesentlich von den Foulkes'schen

Gesichtspunkten, obwohl auch hier bei Foulkes ein weitergehenderes Konzept zur Untersuchung der Gruppenvorgänge vorliegt: Der einzeln vorgestellte Fall wird als Figur vor dem Hintergrund der Matrix der Gruppe und nicht ausschließlich oder vorwiegend individuell gesehen. Mit dem Konzept dieser Matrix und des damit verbundenen Gruppenunbewußten kann nach meiner Erfahrung die Gruppenreaktion insgesamt einen weitergreifenden wichtigen Beitrag zur Aufhellung des jeweiligen Problems bringen, als dies von Balint gesehen wurde. Hierzu ein Beispiel:
Eine Teilnehmerin berichtete, daß sie beim nächtlichen Bereitschaftsdienst immer wieder gerufen würde, um lautstarke Konflikte zwischen Patienten zu klären. Dies gelang ihr meist; aber am jeweils nachfolgenden Morgen, als sie sich etwas ausruhen wollte, wurde ihr Zimmer über längere Zeit von zwei Patienten quasi gestürmt, um sie zum Frühstück zu holen. Sie traten an ihr Bett und wollten bleiben, bis sie sich angezogen hatte. Sie fühlte sich bei diesen Anlässen bedroht und in ihrer Intimsphäre beeinträchtigt. Sie wußte nicht, was sie außer dem Zusperren des Bereitschaftszimmers tun sollte. Dann wäre sie aber in medizinischen Notfällen für die Schwestern und Pfleger nicht mehr erreichbar gewesen. Zwar war während der letzten Jahre kaum ein solcher Notfall eingetreten, während ihrer Dienste gar nicht; dennoch fühlte sie sich in einem Konflikt. Die folgenden Beiträge der anderen Gruppenmitglieder waren ganz wie in einer Balintgruppe Assoziationen zu diesem Problem (*Henft/Knott* 1984).

Sie zentrierten sich darauf, daß einerseits von den Patienten abgewehrte Urscenenerlebnisse wiederholt würden, andererseits signalisierte die Berichterstatterin unbewußt Wünsche nach engem und intimem Kontakt mit den Patienten. Diese zweite Assoziationskette war durch eine Interpretation meinerseits ausgelöst worden. Ich hatte aufgrund des intensiven Blickkontakts dieser Frau und einiger anderer Gruppenmitglieder zu mir den Eindruck, als ob ich selbst der Gegenstand eines voyeuristischen Bedürfnisses sei. Es kam auch eine Frage nach meinen Familienverhältnissen, die ich nicht beantwortete. Ich sagte, daß die

Gruppe wohl jetzt mir beim Anziehen zusehen und prüfen wollte, ob ich vollständig sei; der Bericht jener Mitarbeiterin spiegele sich in der Gruppe. Die obige zweite Assoziationskette bezog sich dann immer stärker auf die besonderen Schwierigkeiten von Frauen beim Nachtdienst. Es schwankte zwischen »Männlichem Protest« (*Adler* 1928, 1930) und »Angst vor Liebesverlust« (*Mitscherlich* 1978), mit dem besonders Frauen zu kämpfen hätten. Die berichtende Frau brachte eigene Kindheitserlebnisse ein, in denen ihr schmerzhaft bewußt geworden war, daß sie kein Junge war und in der Achtung der Eltern hinter ihrem Bruder zurückstehen mußte. Hier kam die Gruppe darauf zu sprechen, daß bei Neuanstellungen darauf geachtete würde, nur ja kein Übergewicht der Frauen zu haben. Damit zeichnete sich die Lösung ab: Frauen seien einerseits wertloser als Männer und schutzlos deren Macht ausgeliefert, andererseits hätten Frauen auch Macht über die Männer, z. B. durch verführerisches An- oder Ausziehen. In den Assoziationen tauchten auch wichtige mythologische Frauengestalten auf. Nun sprachen die Berichterstatterin und andere weibliche Mitglieder über die heimliche Freude an den begehrlichen Blicken der Männer. Zwei Sitzungen später berichtete die Frau, daß inzwischen sowohl die nächtlichen zu schlichtenden Konflikte als auch die Morgenbesuche aufgehört hätten. Nach Balint wäre ich wahrscheinlich bei der individuellen Komponente des Problems stehengeblieben, da von der Konzeption her die Gruppenmatrix unberücksichtigt bleibt, die Assoziationen der anderen Gruppenmitglieder wären als individuelle Reaktionen auf die Falldarstellung gesehen worden. Nun hat es innerhalb der Balint-Gruppentheorie auch Weiterentwicklungen gegeben. Man konnte die institutionellen Rahmenbedingungen und die Gruppenmatrix nicht einfach unberücksichtigt lassen (*Argelander* 1972). Diese Entwicklungen haben implizit und explizit gruppendynamische, Foulkes'sche, organisationspsychologische, struktur- und systemtheoretische Gedanken aufgegriffen, die alle auch in meiner Arbeit relevant sind (*Kutter* 1974). Methodologisch würde ich meine Arbeit als Supervisor als Anwendung der Foulkes'schen Gruppenanalyse auf Balint-Gruppen einordnen, um Balint die ihm gebührende Reverenz zu erweisen, da er einer der Pioniere psychoanalytischer Fallbesprechungsgruppen war.

Die Ebenen des Supervisionsgeschehens

Wie ich es im Vorspann kurz erwähnte, sieht S. H. Foulkes fünf Ebenen, in denen sich der Gruppenprozeß abspielt (*Foulkes* 1971):

a) Die aktuelle Ebene, die er als Übertragung im weiteren Sinne einstuft; in ihr bedeutet die Gruppe Gemeinschaft, Gesellschaft, öffentliche Meinung, die Rahmenbedingungen und für die Team-Supervision die jeweilige Institution mit den durch sie hervorgerufenen früheren Erfahrungen. In diese Ebene gehören die Abhängigkeiten der Teammitglieder untereinander, wie die zur und innerhalb der Institution. Foulkes hat damit, ursprünglich zwar für therapeutische Gruppen, den soziologischen und gesellschaftlichen Hintergrund sowohl historisch (mit den nicht immer bewußten jeweiligen Gesellschaftserfahrungen des einzelnen) als auch im Jetzt der Gruppe konzeptualisiert. Ohne Berücksichtigung dieser Ebene verlieren seiner Meinung nach Qualität und Erfolg der Gruppe genausoviel, wie die Vernachlässigung der anderen Ebenen. Die Gruppe ist somit immer auch Öffentlichkeit und Institution. Hierzu gehört z. B. auch die Professionalisierung von Hilfe (*Bosse* 1982).

b) Die Übertragungsebene

In dieser Ebene handelt es sich um Übertragungsreaktionen im klassischen Sinn, z. B. um den Wiederholungszwang oder die Übertragungsneurose. Die Gruppe wird erlebt als ursprüngliche oder gegenwärtige Familie, als das von ihm so genannte »intime Netzwerk«, in das verdrängte Erfahrungen mit den Eltern, Geschwistern und anderen ersten Bezugspersonen eingehen und bearbeitet werden können. Diese Ebene spielt in Team-Supervisionen sicherlich ebenso eine große Rolle, die Aufarbeitung der somit verbundenen Probleme ist aber nicht der Gegenstand der Arbeit. Auf dieser Ebene spiegeln sich vorwiegend Therapien der Klienten in der Supervision. Ich habe mich im Laufe der Jahre dafür entschieden, diese Ebene in Team-Supervisionen zwar zu beachten (als Spiegelphänomen) und meine Gegenübertragungsreaktionen diesbezüglich zu prüfen, aber sie nicht eingehend in bezug zu den Supervisanden zu bearbeiten, sondern nur Hinweise zu geben, daß dieses oder jenes Problem im Rahmen einer therapeutischen Selbsterfahrung angegangen werden sollte. Die Übertragungsreaktionen selbst spielen zur Aufklärung des jeweiligen Geschehens dennoch eine große Rolle, weshalb ich meine, daß psychoanalytische und gruppenanalytische Vorerfahrung dem Supervisor zumindest in psychosozialen Berufsfeldern zur Verfügung stehen sollte.

c) Projektionsebene (Spiegelreaktionen)

Diese Ebene äußert sich in primitiven Reaktionen und Objektbeziehungen, in denen die Gruppe oder einzelne wie innere Objekte oder Teilobjekte gesehen werden. Diese Ebene hat einen engen Zusammenhang mit der Matrix, an der alle mittels des »Intrapsychischen« Anteil haben. Gruppenmitglieder erleben sich hier wie verschmolzen mit anderen, bekämpfen z. B. eigene abgelehnte Reaktionsmuster an anderen, erleben sich durch die anderen gespiegelt. Hier geht ein Teil der Ich-Psychologie ein, in dem ein individuelles Ich quasi noch eine Illusion ist, es gibt Symbiose und Loslösungsprozesse, in denen das Ich erst aufgebaut wird; psychoanalytisch gesprochen handelt es sich um präödipale und narzißtische Übertragungen, wobei m. E. bisher übersehen wurde, daß dieser Phänomene auch nach dem »Untergang des Ödipuskomplexes« in der Form der inneren Verbundenheit von Ich und der umgebenden Gemeinschaft, der dinglichen und strukturellen Umwelt, erhalten bleiben.

d) Die Körper-Ebene

Mit dieser Ebene wird ausgedrückt, daß zum einen psychische Vorgänge fast immer somatische Korrelate, z. B. vegetative Begleiterscheinungen haben, zum anderen können hier Krankheitserscheinungen in psychische Phänomene umgesetzt und übersetzt werden. Foulkes sieht dies noch weitergehend, indem er davon ausgeht, daß auf dieser Ebene die Gruppe als Körper erlebt wird und das je individuelle Körperschema auf die Gruppe übertragen und durch Reaktionen der anderen modifiziert bzw. der Realität angepaßt werden kann. Diese Ebene wird in der Team-Supervision ausgelöst, da hier die Institution unbewußt häufig wie ein Gesamtkörper erlebt wird, ebenso der »Korpus« der Patienten oder das Team selbst. Es bestehen immer wieder Wünsche nach »einheitlichem Reagieren«, einheitlichen Konzepten, das Team sollte wie eine einzige Person sein. Im Sprachgebrauch der Supervisionsgruppen tauchen dann Begriffe auf, die in diese Ebene abzielen: Der Chef sei der »Kopf«, man spricht von »ausführenden Organen«, »verlängertem Arm« usw. Spricht die Gruppe in solchen oder ähnlichen Formulierungen, ist meist der dazugehörige unbewußte Inhalt, nämlich die Gruppe als Körper, angesprochen; damit auch, daß die Funktion des einzelnen in der Gruppe abhängig ist von der Funktion der anderen und der Gesamtgruppe. Auf der Ebene dieser Phantasie kommt es manchmal vor, daß der Supervisor wie die Haut, Membrane der Gruppe erlebt wird, die alles zusammenhält. Auch die Phantasie, daß die Gruppe der mütterliche Körper ist, aus dem man heraus, hinein oder sich »drinnen« geborgen und versorgt fühlen möchte, gehört in diesen Bereich.

e) Die primordiale Ebene

Hier bezieht sich Foulkes vor allem auf die Jung'schen Theorien zum kollektiven Unbewußten, das sich im Rahmen universeller Symbole äußert, wo Archetypen wirksam werden. Es würde dann nicht mehr von z. B. einer konkreten Mutter gesprochen, sondern von der Mutter schlechthin mit den dazugehörigen kollektiven Phantasien. Diesbezüglich ist mir bei Team-Supervisionen aufgefallen, daß der institutionelle Hintergrund gelegentlich wie ein allmächtiger »großer Vater« gesehen wurde, der die bedürftigen wünschenden »Kinder« zu Staub zertreten konnte. Auf dieser tiefen Ebene wirken sich auch frühgeschichtliche Menschheitserfahrungen und Rituale aus, die in Gruppen immer wieder zu beobachten sind; ich denke da z. B. an Initiationsrituale, Bannsprüche, Ängste vor gefährlichen und unberechenbaren Muttergottheiten, Bedeutung der Ahnen, Gruppenleiter als »Zauberer« usw. Auf dieser primordialen Ebene beziehen sich diese archetypischen Phantasien sowohl auf einzelne Teilnehmer, den Leiter, als auch auf die Gruppe als Ganzes (*Gfäller* 1985). Deutungen auf dieser tiefen Ebene habe ich in Team-Supervisionen bisher nur selten gegeben. Dennoch war es oft aufschlußreich, wenn dargestellt werden konnte, daß z. B. bei Gesprächen über eine Mutter eines Patienten sofort neben den Assoziationen über die jeweils eigenen Muttererfahrungen auch solche über archetypische Vorstellungen der Mutter geweckt wurden. Dies galt auch, wenn die Gruppe selbst oder die zu besprechende Patientengruppe sich aufspaltete in »die Frauen« und »die Männer«, wenn neben den damit verbundenen Rollenerwartungen tiefliegende Ängste der Geschlechter voreinander spürbar wurden.

S. H. Foulkes war der Auffassung, daß sich diese Ebenen hierarchisch anordnen. An der Oberfläche sei die aktuelle Ebene und ganz tief im Unbewußten die primordiale. Meine Erfahrung spricht gegen die statische Hierarchie. Ich sehe es eher so, daß im Verlauf der Gruppenprozesse jede dieser Ebenen an die Oberfläche kommen kann und die anderen dafür tiefer im Unbewußten der Gruppe liegen. Seiner Interpretationsregel stimme ich wieder voll zu: »Wir gehen von der Oberfläche aus. Was Oberfläche ist, ändert sich, indem sich die Gruppe progressiv entwickelt« (S. H. *Foulkes* 1971, S. 19). »Wir unterscheiden in der gruppenanalytischen Theorie nicht ›intrapsychische‹, ›überpersonelle‹ und ›gruppendynamische‹ Prozesse. Wir glauben ..., daß das alles dieselben Prozesse sind, die entsprechend der von uns verfolgten Aufgabe von verschiedenen Gesichtspunkten aus beschrieben werden können« (S. 20).

Diese längere theoretische Erörterung über die Ebenen des Gruppenprozesses zeigt deutlich die Konzeptualisierung des Foulkes'schen Ansatzes. In der gruppenanalytischen Supervision sind sie dem Leiter beständig gegenwärtig. Um sie in der Praxis anwenden zu können, ist langjährige Erfahrung und Weiterbildung in

Gruppenanalyse nötig, die inzwischen seit mehreren Jahren auch in Deutschland vom Institut für Gruppenanalyse Heidelberg (vorher Department und Lehrseminar für Gruppenanalyse bei der Stiftung Rehabilitation Heidelberg), in Zürich und von M. L. Möller in Gießen angeboten wird. Um nochmals zu weiteren theoretischen und praktischen Fragestellungen zurückzukommen, die eine Grundlage für das Verständnis von Gruppenprozessen bei der Team-Supervision darstellen, will ich zwei Konzepte von Foulkes diesbezüglich erörtern: Das »Gruppenunbewußte« und die »analytische Haltung«.

Die analytische Grundhaltung und das Gruppenunbewußte

Team-Supervision findet immer vor dem institutionellen Hintergrund des jeweiligen Teams statt. Da es nicht genügt, dies einfach zu postulieren, und schließlich, wie in einer orthodoxen Balintgruppe, den institutionellen Hintergrund als äußere Realität unanalysiert zu lassen, bestenfalls sie im Rahmen der innerpsychischen Rezeption zu analysieren, ist eine klarere Konzeptualisierung der Wirkung der umgebenden Institution erforderlich. Ausgehend von der gelungenen Administration der Gruppe, in die die Rahmenbedingungen der Institution eingeflossen sind, weist der Leiter mit Hilfe seiner analytischen Grundhaltung auf die Bedeutung unbewußter Prozesse hin. Nach S. H. Foulkes ist das Gruppenunbewußte das »nicht Kommunizierte« (1964). Die Gruppe wendet gegen dieses Unbewußte die gleichen Abwehrmechanismen an wie der einzelne gegen sein Unbewußtes. Es handelt sich um verdrängte Konflikte der Gruppe. Dabei ist es für die Dynamik unwesentlich, ob einzelne Gruppenmitglieder eine Ahnung von den Konflikten haben. Wesentlich ist, daß sie nicht ausgesprochen werden und über die in der Gruppe wirksamen trans- und interpersonalen Abwehrvorgänge auch nicht ausgesprochen werden können. Über den Weg der Analyse sowohl der Widerstände als auch der Übertragung und Gegenübertragung kann der Gruppenleiter schrittweise an das verdrängte Unbewußte herankommen. Um dies zu ermöglichen, ist die Einhaltung der analytischen Grundhaltung unbedingt erforderlich: Der Leiter stellt sich mit seiner freischwebenden Aufmerksamkeit wie in der individuellen Analyse der Gruppe. Ist diese Einstellung nicht möglich, wird anhand eigener Assoziationen das Problem (vermutlich meist eine Gegenübertragungsreaktion) beleuchtet. Der Leiter begleitet den Gruppenprozeß, analysiert ihn, vermeidet, wenn möglich, die Steuerung des Prozesses. Diese Grundhaltung wird auch in der Team-Supervision angestrebt. Nun wurde dieses Konzept entwickelt und erprobt bei Einzelanalysen und Gruppenanalysen, in denen der Leiter seine Position an der Grenzlinie der Gruppe einhalten kann. Wie ich schon andeutete, kann diese Position innerhalb der Team-Supervision nicht ganz bewahrt werden, da sich die Institution auch direkt über die Gruppenmitglieder auswirkt. Eine Veränderung dieses Konzepts ist erforderlich. Es fehlt hier der Filter der Übertragung insofern, als zwischen Institution und Supervisionsgruppe keine Grenze ist, die der Supervisor personifizieren könnte. Wird nun dennoch die Institution abgewehrt und wie im erwähnten Beispiel als Gegeninstitution auf dem Supervisor projiziert, ist kein langsames Anwachsen dieser Übertragung indiziert, bis die Gruppe eine Deutung diesbezüglich wie einen reifen Apfel, der vom Baum fällt, annehmen kann. Sofortige Analyse dieses Vorgangs ist angebracht, da ansonsten – wegen des hier fehlenden Filters – die Übertragung im täglichen institutionellen Zusammenhang ausagiert wird, m. E. sogar agiert werden muß, um paradoxerweise offene Zusammenarbeit weiterhin zu ermöglichen. Ich bezeichne diese Vorgänge mit Übertragung, da ich mit Foulkes der Auffassung bin, daß – entsprechend dem Ebenenschema – auch die jeweilige institutionelle Umgebung direkt im Unbewußten der Gruppe präsent und gespiegelt ist, und sich das dynamisch Unbewußte nicht nur auf internalisierte familiale Objektbeziehungsstrukturen bezieht. Mit der beschrie-

benen analytischen Haltung des Gruppenleiters wird sich, wie in den dargestellten Beispielen, das Unbewußte auch als Institution erfassen und analysieren lassen.
Im Verlauf dieses Aufsatzes bin ich fast ausschließlich auf die institutionellen Probleme und die Teamstruktur eingegangen. Der Umgang mit Berichten über Patienten kam bisher zu kurz, obwohl doch gerade dies und die damit verbundenen Probleme mit zur Supervision führten. Der Grund liegt zum einen darin, daß diese Klinik nach der Theorie der »therapeutischen Gemeinschaft« arbeitete und Veränderungen im Team schon per Konzeption direkte Auswirkungen auf den Umgang mit Patienten haben; zum anderen wollte ich mit dieser Schwerpunktsetzung auf die Gruppe des Teams und die Ebene der Institution die besondere Potenz der Foulkes'schen Gruppenanalyse in diesem Bereich aufzeigen.

Veränderungsprozesse in Balint-Gruppen*

Thea Bauriedl

Michael Balints Anliegen: die Analyse von Beziehungen

Michael Balint (1896–1970) war ein ungarischer Arzt und Psychoanalytiker, ein Schüler von Sandor Ferenczi und Sigmund Freud, der in den dreißiger Jahren am Psychoanalytischen Institut Budapest damit begann, psychoanalytische Erkenntnisse an praktische Ärzte zu vermitteln. Wegen der feindseligen und kontrollierenden Haltung des damaligen ungarischen Regimes wanderte er vor dem Zweiten Weltkrieg nach England aus, und richtete dort im Jahr 1948 an der Londonder Tavistock-Klinik zusammen mit seiner Frau Enid Balint die ersten Lehr- und Forschungsseminare für Sozialarbeiter ein, die er ab 1950 auch mit praktischen Ärzten durchführte. Mit diesen zusammen entwickelte er die Methode der Balint-Gruppe. Diese Methode beschrieb er in seinem 1957 erschienenen Buch »Der Arzt, sein Patient und die Krankheit«. Sie besteht darin, daß sich eine Gruppe von Ärzten (sechs bis zwölf Teilnehmer) etwa vierzigmal im Jahr zu je eineinhalb- bis zweistündigen Sitzungen mit einem oder zwei Psychoanalytikern trifft, und zwar insgesamt über einen Zeitraum von mindestens zwei bis drei Jahren. Ein Teilnehmer bringt jeweils einen Fall aus seiner Praxis ein. Balint schreibt: »Ich verwendete dann einen solchen Bericht . . . als so

* In diesen Artikel wurden Teile aus einer umfangreicheren Arbeit über Balint-Gruppen aufgenommen: »Die Auflösung von Beziehungsstörungen in Balintgruppen« in: Bauriedl, Th. (1985): Psychoanalyse ohne Couch, München (Urban & Schwarzenberg).

etwas wie den manifesten Trauminhalt und versuchte, aus ihm auf die ihn gestaltenden dynamischen Faktoren zu schließen. Sowohl die Gedanken des Berichtenden wie Kritik und Kommentare der zuhörenden Gruppe wurden wie freie Assoziationen behandelt« (*Balint* 1957, S. 401).

Balint versuchte in der Arbeit mit praktischen Ärzten, psychoanalytische Erkenntnisse über die Genese, Chronifizierung und Heilung körperlicher Erkrankungen, und vor allem über die Bedeutung der Beziehung zwischen Arzt und Patient für die medizinische Behandlung nutzbar zu machen und in die Ausbildung der Ärzte einzuführen. Von seinem Lehrer Ferenczi übernahm er die Methode der »aktiven Technik« in der Psychoanalyse, eine Methode, die schon bei ihrem Bekanntwerden unter den damaligen Psychoanalytikern sehr umstritten war, weil sie von der »klassischen«, zurückgenommenen Haltung des Psychoanalytikers abweicht, und das therapeutische Geschehen mehr als Wechselbeziehung zwischen Analytiker und Analysand definiert denn als Spiegelung des Analysanden im möglichst wenig als Person erkennbaren Analytiker. Diese Sichtweise machte es Balint möglich, auch einen praktischen Arzt, der die übliche medizinische Behandlung durchführt, als »Psychotherapeuten« zu sehen, und die »Droge Arzt« in ihrer Heilwirkung, aber auch in ihren Risiken und Nebenwirkungen zu untersuchen.

Balints Nachfolger erweiterten die Methode der Balint-Gruppen auf andere Berufsgruppen, wie z. B. Psychiater, Psychologen, Theologen, Pädagogen, Juristen, Sozialarbeiter, Paar- und Familientherapeuten, Bewährungshelfer, Erzieher, Pflegepersonal, usw. (vgl. *Argelander* 1973, *Argelander* 1979, *Schmid* 1973, *Bauriedl u. a.* 1982), *Bauriedl* 1985. Balint-Gruppenarbeit wäre grundsätzlich mit allen Berufsgruppen sinnvoll und nötig, die in ihrer Berufsausübung mit Menschen umgehen, weil durch sie der Aspekt des zwischenmenschlichen Beziehungserlebens an Bedeutung gewinnt, wodurch sich festgefahrene Beziehungsstörungen emanzipatorisch (s. u.) verändern.

Da Balint mit seiner Methode vor allem die Beziehung eines Subjekts (Arzt, Sozialarbeiter, Pädagoge usw.) zu seinem Objekt

(Patient, Klient, Schüler usw.) analysieren und dadurch verändern wollte, entspricht dieser Ansatz dem von mir entwickelten Konzept der »Beziehungsanalyse« (*Bauriedl* 1980). Ich meine, daß dieses Konzept auf die Analyse aller zwischenmenschlichen Beziehungen, ja sogar auf die Analyse der Beziehung zwischen einem (Natur- oder Geistes-)Wissenschaftler und seinem »Objekt«, übertragbar ist und übertragen werden sollte. Um diese Übertragbarkeit deutlich zu machen, werde ich im folgenden gelegentlich von »Subjekt« und »Objekt« sprechen, wo Balint noch ausschließlich von Arzt und Patient gesprochen hat.

Wenn die Beziehung zwischen Subjekt und Objekt erstarrt ist

Mein beziehungsanalytisches Konzept setzt einerseits die Balint'sche Tradition der Betrachtung der Analytiker-Analysand-Beziehung (für die therapeutische Beziehung in der Psychoanalyse) und der Arzt-Patient-Beziehung (für die Balint-Gruppen-Perspektive) als wechselseitigen Dialog fort, und erweitert sie andererseits um eine psychodynamische bzw. soziodynamische Beziehungstheorie, die die Grundprinzipien von Beziehungsstörungen und deren Auflösung deutlich werden läßt. Gestörte Beziehungen sind für mein Verständis immer durch die Erstarrung der Beziehungspartner in sich selbst und im Bezug zueinander gekennzeichnet. Beide Partner üben Macht aufeinander aus, sie unterdrücken sich jeweils selbst und erpressen sich gegenseitig. Dadurch sind sie fest miteinander verklammert, was ganz spezifische Folgen für das Beziehungserleben der beiden hat. Ich möchte diese Theorie im folgenden kurz skizieren (vgl. auch *Bauriedl* 1985 a).

Zunächst der dynamische Aspekt: Im Fall der Beziehung eines Arztes zu seinem Patienten haben sich beide Partner im Laufe ihrer Entwicklung auf die Abwehrmechanismen ihrer jeweiligen Ursprungsfamilien eingestellt. Die Ängste vor Isolation und

Verschmelzung wurden in diesen Familien wie in allen Familien durch »starre Abstände« zwischen den Familienmitgliedern abgewehrt. Solche Abstände sind nur durch Doppelbindungen (nach dem Prinzip: »komm her – bleib weg«) aufrechtzuerhalten. Soweit die Grundbedürfnisse nach Verbunden-Sein und Getrennt-Sein in einer Familie nicht durch eindeutige Personengrenzen (= Sicherheit der Identität als Vater, Mutter, Sohn, Tochter und der entsprechenden Beziehungen) gesichert sind, müssen sie ersatzweise durch doppelbindende Verklammerungen befriedigt werden. Sobald die Angst vor zu großer Nähe oder vor zu großer Entfernung (z. B. vor dem Überwältigt-Werden oder vor dem Verlassen-Werden) übergroß wird, reagiert jeder Mensch mit einer doppelten Botschaft, d. h. er vermittelt seinem Beziehungspartner die Aufforderung: »Tu das, aber tu es ja nicht.«

Wenn nun wie in der Arzt-Patient-Beziehung zwei solcher Beziehungsmuster aufeinandertreffen, ergibt sich eine für diese beiden Personen spezifische Verklammerung, in der zum Beispiel der Patient dem Arzt ausdrückt: »Beseitige meine Krankheit, aber laß' sie mir, weil ich sonst keinen Anspruch mehr habe, dich und andere an mich zu binden.« Der Arzt kann auf dieses »ambivalente Beziehungsangebot« aus seiner eigenen Problematik heraus zum Beispiel so antworten: »Gib deine Krankheit auf, damit ich mich als guter Arzt fühlen kann, aber behalte sie, damit ich nicht überflüssig werden muß.« In den Botschaften der beiden, die natürlich im konkreten Fall ein viel komplexeres Muster von Doppelbindungen bilden, sind die intrapsychischen Ambivalenzen (Wünsche und Ängste) oder Spaltungen beider Personen enthalten: der Patient hat einerseits den Wunsch, gesund zu werden, aber auch Angst vor der daraus entstehenden Selbständigkeit, die er als Verlassen-Sein erlebt; der Arzt möchte einerseits ein guter Helfer sein, hat aber auch Angst davor, den von ihm abhängigen Patienten zu verlieren, was er seinerseits als Verlassen-Sein erleben würde.

Diese doppelte Problematik spaltet sich nun in ihrem manifesten Erscheinungsbild durch ein »Aushandeln von Dissoziationen«

(*Wynne* 1975) in ein komplementäres Beziehungserleben auf. Wenn der Patient dem Arzt mitteilt: »Du mußt kommen, denn meine Symptome verschlimmern sich«, dann reagiert der Arzt in seiner Angst vor dem Verschlungen-Werden mit der anderen Seite der gemeinsamen Ambivalenz; er drückt dem Patienten u. U. aus: »Bleib weg, ich werde dir deine Symptome schon austreiben«, und verordnet vielleicht rein symptombeseitigende Medikamente oder eine Untersuchung bei einem Kollegen, ohne sich zu fragen, was sich in der Beziehung zwischen ihm und dem Patienten ereignet. Oder umgekehrt, der Arzt sagt: »Komm her, laß dir helfen«, und der Patient reagiert mit: »Bleib weg, du kannst mir nicht helfen.« Er verstärkt seine Symptomatik, um sich und dem Arzt zu beweisen, daß dessen Bemühungen nichts nützen. Auf diese Weise bleiben sie fest aneinander gebunden und halten sich doch auch voneinander entfernt.
Das Beispiel zeigt auch die gegenseitige Erpressung. Der Patient sagt: »Wenn du mich nicht vollständig versorgst, werde ich immer kränker; dann kannst du dich gar nicht mehr wegbewegen.« Der Arzt sagt: »Wenn du nicht gesund wirst, lehne ich dich als unbehandelbar ab.« Diese Verklammerung, die entsprechend den neurotischen oder psychotischen Szenen in den Ursprungsfamilien der beiden unzählige Variationsmöglichkeiten hat, kann sich manifest auch in einer (ersatz-)befriedigenden Dauerbeziehung ausdrücken, in der beide Partner scheinbar mit der Beziehung zufrieden sind, der eine mit seinem Krank-Sein und Versorgt-Werden, der andere mit seinem Helfer-Sein und Versorgen-Können.
In anderen Berufen als dem ärztlichen entwickeln sich ähnliche und andere typische Spaltungen oder komplementäre Rollenverteilungen, die die Beziehung fixieren. Ganz deutlich ist die Spaltung oft bei Psychiatern oder psychiatrischem Hilfspersonal einerseits und psychiatrischen Patienten andererseits. Hier wird die gemeinsame Ambivalenz oft so aufgeteilt, daß die einen überkontrollierende, überanstrengte »Normale« sein müssen, die anderen »Verrückte«, die den »Spielraum der Verrücktheit« ständig in Abhängigkeit von den »Normalen« und in Korrespon-

denz zu diesen ausnützen müssen (vgl. *Bauriedl* u. a. 1982). Zwischen Lehrern und ihren Schülern ergeben sich Rollenverteilungen, in denen die einen immer alles wissen müssen, überlegen sind und die Kontrolle in der Hand haben, die anderen immer weniger wissen müssen, unterlegen sind und sich unkontrolliert benehmen. Die Beispiele könnten fortgesetzt werden, das Grundprinzip bleibt das gleiche, nämlich, daß eine Beziehung dadurch fixiert wird, daß sich Ambivalenzen der Beziehungspartner in Doppelbindungen ausdrücken, die den anderen wie in einer Falle festhalten, und daß sich gemeinsame Ambivalenzen in einer komplementären Rollenverteilung zwischen den Beziehungspartnern aufspalten, wobei jeder der beiden den jeweils beim anderen lokalisierten Ambivalenzanteil bei sich selbst nicht mehr bemerkt.

Damit komme ich zur deskriptiven Darstellung einer fixierten Beziehung, die trotz aller Vielfalt der konkreten Möglichkeiten doch immer wieder die gleichen Erscheinungsformen aufweist: am auffälligsten ist die einseitige Wahrnehmung der Beziehung. Ein Arzt, der ein Problem mit seinem Patienten in die Balint-Gruppe einbringt, ist, auch wenn er theoretisch mit dem Problem und den Erscheinungsformen der Ambivalenzspaltung und Rollenverteilung vertraut ist, nicht mehr fähig, sich selbst als ganze Person in der Beziehung zu seinem Patienten zu erleben. Er erlebt z. B. nur noch seinen Wunsch, den Patienten gesund zu machen, und komplementär dazu den Widerstand des Patienten gegen diese seine gute Absicht. Die andere Seite seiner selbst und des Patienten, nämlich seine Angst, den Patienten zu verlieren, und den Wunsch des Patienten, sich von ihm zu befreien, kann er nicht mehr sehen. Ganz typisch für diese Situation, in der sich, wie ich sage, der Arzt wie auch der Patient »im Widerstand« befindet, ist das Phänomen, daß der Arzt nur noch die Abwehr des Patienten sieht und dessen Wünsche und Ängste ebenso wie die eigenen verdrängt. Ist er Psychotherapeut, dann fallen ihm in dieser Situation nur noch Abwehrdeutungen ein, weil er in dem Machtkampf mit dem Patienten verzweifelt gegen dessen Abwehr kämpft und das Gefühl hat: »Wenn der Patient doch seine Abwehr aufgeben könnte, dann ginge es ihm und mir wieder besser« (Delegation der Veränderung an den Patienten).

Zusammenfassend läßt sich über eine erstarrte Beziehung folgendes sagen:

- Zwischen den Beziehungspartnern werden gleichbleibende Abstände eingehalten.
- Diese Abstände werden durch Doppelbindungen gewährleistet (komm her – bleib weg).
- Die Doppelbindungen sind Ausdruck intrapsychischer Ambivalenzspaltungen (ich möchte gerne, aber ich habe Angst . . .).
- Die komplementäre Verteilung dieser Ambivalenzteile auf zwei Personen ergibt die Erstarrung der Beziehung (sobald sich der eine emotional nähert, zieht sich der andere zurück).

Daraus folgt:

- Eine einseitige Wahrnehmung der Beziehung: der jeweils andere wird nur als »feindlich«, als störend und als die Beziehung behindernd erlebt, seine Wünsche und Ängste werden nicht wahrgenommen.
- Die Beziehungspartner funktionalisieren sich gegenseitig in bestimmten komplementären Rollen (z. B. Helfer und Hilfsbedürftiger).
- Die komplementäre Rollenverteilung dient zur Vermeidung persönlicher Konflikte.
- Die Erstarrung beruht auf Unbewußtheit und kann deswegen durch Aufhebung von Unbewußtheit aufgelöst werden.

Veränderungen mit Hilfe der Balint-Gruppe

In der Balint-Gruppe besteht die Möglichkeit, solche Erstarrungen in zwischenmenschlichen Beziehungen aufzulösen. Die Starre der gestörten Beziehung zwischen »Arzt« und »Patient«, zwischen Subjekt und Objekt, überträgt sich auf die Gruppe (vgl. *Heigl-Evers* u. a. 1970, *Roth* 1984) und kann dort, in der Wieder-

holung zwischen den Gruppenmitgliedern, durchgearbeitet werden. An anderer Stelle (*Bauriedl* 1985 b) habe ich dieses Durcharbeiten ausführlich beschrieben. Hier möchte ich vor allem auf die Veränderungen hinweisen, die durch diesen Prozeß eintreten. Zunächst die Aufhebung der Funktionalisierung des Objekts: In jeder zwischenmenschlichen Beziehung gibt es solche Funktionalisierungen. Einer erlebt den anderen in seiner konventionellen Rolle als Arzt oder Patient, als Lehrer oder Schüler, als Arbeitnehmer oder Arbeitgeber, als Mann oder Frau, als Kind oder Elternteil, als Freund oder Feind, usw. Es gibt eine unüberschaubare Vielzahl solcher komplementärer Rollen, die unser Zusammenleben regulieren und ordnen, oft aber auch sehr einschränken. Berufsspezifische und persönliche Rollenvorstellungen beschneiden den Lebensspielraum, das Erleben von Wünschen und Ängsten des einzelnen. Sie dienen aber auch zur gegenseitigen Absicherung: Wenn ich meine Rolle erfülle, mußt du die deine auch erfüllen. Ich schränke mich ein, damit auch du dich einschränkst. Wenn ich mich nicht mehr an meine Rollenvorschriften halte, muß ich befürchten, daß du dich auch nicht mehr an die deinen hältst. Wenn ich als Arzt meine Patienten nicht mehr grenzenlos versorgen will, haben die Patienten das Recht, aus ihrer Verpflichtung zu Dankbarkeit und blindem Gehorsam auszuscheren und mich zu beschimpfen, zu verachten oder zu verlassen. Wenn ich als Untergebener nicht unterwürfig bin, kann mein Vorgesetzter offen unzufrieden mit mir sein. Wenn ich als Frau mich nicht um Haushalt und Kinder kümmern will, hat mein Mann das Recht, nicht arbeiten zu wollen. Die Liste komplementärer Bedingungen von Rollenvorschriften ließe sich immer weiterführen. Sie wäre von allem auch aus dem beruflichen Bereich in den psychischen Bereich komplementärer Rollenverteilungen hinein fortzusetzen.
Je nachdem die Wünsche und Ängste zwischen Personen verteilt sind, so ergeben sich die unser Zusammenleben ordnenden Konventionen: Wenn ich Angst habe, hast du auch Angst, also darf ich keine Angst zeigen, damit du keine Angst bekommst. Oder: Wenn ich Angst habe, hast du keine Angst, also muß ich

dauernd von meiner Angst sprechen, damit du dich nicht zu fürchten brauchst. Oder: Wenn ich keine Angst habe, hast du unsere gemeinsame Angst, also muß ich immer so tun, als hätte ich keine Angst, damit du unsere gemeinsame Angst übernimmst und ich »funktionsfähig« bleibe. Oder: Wenn ich Wünsche an dich habe, bekommst du Angst, also darf ich keine Wünsche an dich haben. Oder: Wenn ich Wünsche an dich habe, ziehst du dich zurück und machst mir weniger Angst durch deine Wünsche, also muß ich ständig so tun als hätte ich Wünsche an dich, damit du dich ständig mit deinen Wünschen an mich zurückhältst.

In all diesen Beziehungen ist immer ein Partner Funktion des anderen, was die Möglichkeit und Notwendigkeit gegenseitiger Erpressung und Manipulation zur Folge hat. Alle diese bewußten oder unbewußten Vereinbarungen, anhand derer wir uns gegenseitig lenken, ersparen uns das Risiko, unsere wahren Wünsche und Ängste zu erleben und zu äußern. Wir haben gelernt, was wir in unserer beruflichen, geschlechtlichen und persönlichen Rolle erleben und äußern können, ohne in allzu ängstigende Konflikte zu geraten, und wir halten uns daran. Ein Aussteigen würde immer auch bedeuten, daß der andere, der komplementär reagierende Partner, aus seiner Objektrollenzuschreibung entlassen wird, und das ist deshalb riskant, weil er sich dann auch nicht mehr den Rollenvorschriften entsprechend verhalten wird, sondern entsprechend seinen wirklichen Gefühlen. Wenn ein Arzt seinen Patienten nicht mehr nur als biologisch funktionierendes Objekt sieht und behandelt, sondern auch als fühlendes Subjekt, dann fällt es ihm schwerer, ihn zu operieren oder auch körperlich zu untersuchen. Der Patient verliert dadurch ebenfalls den für beide Teile bisher nötigen Schutz der Rollenverteilung. Er bemerkt zum Beispiel, daß er den Arzt persönlich liebt, oder sich auch vor ihm fürchtet. Die Beziehung wird scheinbar komplizierter, wenn die »saubere« Komplementarität der Rollenverteilungen aufgegeben wird, und die Vielfalt der unter den Rollenvorschriften unbewußt gewordenen Phantasien ans Tageslicht kommt.

Gerade das ist aber die Aufgabe und die Chance der Arbeit in einer Balint-Gruppe. Die Erstarrungen in den Subjekt-Objekt-Beziehungen der Teilnehmer sind oft so weit fortgeschritten, die Beziehungspartner sind oft so sehr in gegenseitiger Manipulation miteinander verklammert, daß sich der einzelne ohne Hilfe von außen nicht mehr daraus befreien kann. Die Hilfe von außen, von der Balint-Gruppe, besteht nun nicht in der Erarbeitung einer besseren Strategie »gegen« oder »für« den nicht anwesenden Beziehungspartner. Sie besteht in der Aufhebung von Unbewußtheit, im Bewußtmachen oder Bewußt-werden-Lassen derjenigen Beziehungsanteile, die in der Verklammerung aus Sicherheitsgründen ausgeschaltet oder verdrängt waren. Das Komplizierterwerden der Beziehung durch das Bewußtwerden bisher abgewehrter szenischer und emotionaler Anteile ist zwar im oben beschriebenen Sinne riskant, es ist nach meinem Verständnis aber gleichzeitig die einzige Möglichkeit, die Erstarrung aufzulösen und die Beziehung wieder lebendiger werden zu lassen.

Zumeist sind es sexuelle Phantasien im engeren und im weitesten Sinn, die im geschützten Raum der Balint-Gruppe bei deren Mitgliedern als frei assoziierte Einfälle wieder auftreten. Unter sexuellen Phantasien im weitesten Sinn verstehe ich auch Wünsche nach Nähe und Geborgenheit, nach Versorgung und Anerkennung. Solche Wünsche und Phantasien werden in der Komplementarität unserer beruflichen und persönlichen Rollenvorschriften zumeist unterdrückt beziehungsweise abgewehrt. In einer frei assoziierenden Balint-Gruppe können diese wichtigen verlorenen szenischen Anteile wieder auftreten. Hier ist keine Phantasie überflüssig oder abwegig. Jede Phantasie hilft, die berufsspezifischen und persönlichen, die individuellen und sozialen oder kollektiven Abwehrstrukturen in Frage zu stellen. Auch die *Komplementarität* von Helfern und Hilfsbedürftigen, von »Gesunden« und »Kranken«, von »angstfreien« und »ängstlichen« Beziehungspartnern wird aufgelöst. Wenn mit Hilfe der freien Assoziation bei allen Beziehungspartnern innerhalb und außerhalb der Balint-Gruppe sowohl Hilfsbedürftigkeit als auch Hilfsbereitschaft, sowohl Gesundheit als auch Krankheit gefunden werden kann, geht die bisher phantasierte Komplementarität in das Erleben einer *Symmetrie* zwischen den Beziehungspartnern über. Der Helfer ist auch hilfsbedürftig, und der Hilfsbedürftige kann auch helfen.

Die emanzipatorische Veränderung von Beziehungen in Balint-Gruppen löst aber nicht nur die von Paul Parin und anderen Autoren beklagte Medizinalisierung in der Psychotherapie und Psychoanalyse auf (*Parin/Parin-Matthèy* 1982). Das Veränderungsprinzip der Balint-Gruppe kann prinzipiell für jede Berufsgruppe hilfreich und fruchtbar sein. Balint-Gruppen sind nach meinem Verständnis nicht nur »Hilfe für Helfer« im medizinischen oder psychosozialen Bereich, mit der Absicht, daß die Helfer durch die Balint-Gruppe effektiver arbeiten und mit ihrer Arbeit zufriedener werden. Balint-Gruppen sind wegen der hier beschriebenen Aufhebung von Unbewußtheit eine Möglichkeit der verändernden Reflexion von Beziehungen schlechthin. Darin liegt nach meiner Ansicht ihre politische und gesellschaftliche Bedeutung.

Das Prinzip der Manipulation, der Strategiebildung in der Subjekt-Objekt-Beziehung unter dem Primat der Effektivität hat uns in die gegenwärtige Situation der Bedrohung durch Kriegs- und Umweltkatastrophen gebracht. Die Art, wie Wissenschaftler, Techniker und Politiker bisher mit ihren Objekten auf immer »effektivere« Weise umgegangen sind, hat nicht die erhoffte Befreiung von Abhängigkeiten, sondern die extreme Bedrohung unserer Lebensgrundlagen mit sich gebracht (*Bauriedl* 1986). Nicht die weitere unreflektierende Verbesserung unserer wissenschaftlichen und technischen Methoden kann uns aus dieser Situation wieder heraushelfen, sondern ein Bewußtseinswandel, der die Subjekt-Objekt-Beziehung als ein wichtiges Kriterium für die ökologische und soziale Verträglichkeit unserer Methoden analysiert. Deshalb glaube ich, daß sogar Naturwissenschaftler, die in ihrer Beziehung zu ihrem Forschungsgegenstand bisher »frei« zu sein schienen, sinnvollerweise in Balint-Gruppen reflektieren könnten, was sie tun, und welche Folgen ihr Tun haben kann. Unter dem ausschließlichen Primat der Effektivität und des persönlichen Ehrgeizes gewonnene wissenschaftliche und technische Erkenntnisse sind mit hoher Wahrscheinlichkeit zerstörerischer Natur, auch wenn sie sich zunächst oft als geniale Erkenntnisse zur Aufhebung der Abhängigkeit des Menschen von seiner Umwelt und von seinen Mitmenschen darstellen und feiern lassen.

Mit diesem grundsätzlich psychoanalytischen und emanzipatorischen Anliegen fördert die Arbeit in Balint-Gruppen nicht in jedem Fall die Effektivität ihrer Teilnehmer; sie kann sie in einem bestimmten Sinn sogar behindern. Ein Arzt bekommt durch die Reflexion der Bedeutung dessen, was er tut, vielleicht Schwierigkeiten bei der scheinbar problemlosen Ausübung seines Berufes, ebenso ein Lehrer, ein Pfarrer, ein Wissenschaftler. Manager sehen sich durch die aufdeckende Arbeit einer Balint-Gruppe gelegentlich vor die Frage gestellt, ob sie ihren Beruf in der bisherigen Form, mit all den Repressionen, denen sie ausgeliefert sind, und die sie zwangsläufig auch selbst weitergeben, überhaupt weiterhin ausüben können und wollen. Techniker, zum Beispiel in der Rüstungsindustrie, erleben die destruktiven Folgen ihres Tuns und ihr eigenes Eingebundensein in die Szene der Zerstörung und des Zerstörtwerdens.

Die Arbeit einer Balint-Gruppe unterscheidet sich in diesem Punkt prinzipiell von der einer nicht-analytischen Supervisionsgruppe. Ich will damit nicht ausdrücken, daß von Psychoanalytikern geleitete Gruppen in jedem Fall gesellschaftskritisch seien, und daß von Nicht-Analytikern geleitete Gruppen immer nur der besseren Anpassung an die gesellschaftlichen Normen und ökonomischen Erfordernisse dienen. Was in einer Balint-Gruppe an aufdeckender, kritisch befreiender Veränderung möglich ist, hängt weitgehend von der Person des Leiters ab. Eine psychoanalytische Ausbildung ist für die Fähigkeit, unbewußte Prozesse zu erkennen und im Bewußtsein zuzulassen, zumeist eine sehr gute und sehr notwendige Voraussetzung. Sie bietet aber keine Gewähr für die ebenso nötige Konfliktfähigkeit des Leiters, für seine Bereitschaft und Fähigkeit, seine Machtposition immer wieder zur Disposition zu stellen, angreifbar zu werden, auf die

Autorität seiner Rolle zugunsten der »Autorität seiner Person« zu verzichten. Nur soweit der Leiter diese Vorgänge in sich selbst und an sich selbst zulassen kann, wird es auch für die Teilnehmer möglich, auf ihre jeweiligen durch Rollenverteilung gesicherten Machtpositionen zu verzichten. Die Funktionalisierung der eigenen Person und der Bezugspersonen aufzuheben ist nur möglich, wenn unter der Berufsrolle und unter den persönlichen Klischees (auch des Balint-Gruppen-Leiters) die wahren Wünsche und Ängste der Personen wieder sichtbar werden können. Diesen Vorgang meine ich, wenn ich von »Autorität der Person« spreche, entsprechend Horkheimers Definition des Begriffes Autorität als »bejahte Abhängigkeit«. Die bejahte Abhängigkeit von den wirklichen Gefühlen und Bedürfnissen ist die einzige Alternative zur erzwungenen und zwingenden Abhängigkeit in funktionalisierten Beziehungen.

Über die Institutionsberatung durch Psychoanalytiker schreibt *Fürstenau* (1978, S. 106): »Die psychoanalytische Beratungsarbeit mit Institutionen erfordert eine Identifizierung des Psychoanalytikers mit dem primären Arbeitsziel der betreffenden Institution«. Psychoanalyse habe »eine ausgesprochen *unpolitische* wissenschaftliche Kompetenz« (S. 118, Hervorhebung im Original). Füchtner kritisiert diese Auffassung meiner Ansicht nach zurecht, indem er Fürstenaus Erklärungen zur Institutionsberatung durch Psychoanalytiker als »Rechtfertigungsversuche einer psychoanalytischen Beratertätigkeit« bezeichnet, »die als moderne Anwendung psychoanalytischer Massenpsychologie keinen therapeutischen Zielsetzungen dient, sondern im Rahmen gesellschaftspolitischer Strategien geleistet wird, die unreflektiert bleiben sollen« (*Füchtner* 1980, S. 109).

Institutionsberatung ist für Psychoanalytiker eine besonders schwierige Aufgabe, weil sie von ihrer Identität her die zumeist geforderte Optimierung der Leistungsfähigkeit von Teams, ohne Rücksicht auf die Lebensqualität der Beteiligten und auf die sozialen und ökologischen Konsequenzen der institutionellen Bedingungen, in Frage stellen müssen. Trotzdem halte ich psychoanalytische Institutionsberatung grundsätzlich für möglich, wenn der Psychoanalytiker dabei versucht, schrittweise die in der Institution abgebildeten gesellschaftlichen Normen auch hier zugunsten der Subjektivität des einzelnen zu hinterfragen. Wie in der Indikationsstellung zur psychoanalytischen Behandlung geht es in dieser Entscheidung um die Frage, ob der Psychoanalytiker im jeweiligen Fall eine – manchmal auch sehr geringe – Chance sieht, aufdeckend zu arbeiten, und ob er sich zutraut, die bei solcher Arbeit unweigerlich zu erwartenden Konflikte durchzustehen.

Die hier immer wieder angesprochene Konfliktfähigkeit des Balint-Gruppen-Leiters, die auch eine Erhöhung der Konfliktfähigkeit der Teilnehmer mit sich bringt, ist noch näher zu beschreiben. Konfliktfähigkeit im psychoanalytischen Sinn geht über das hinaus, was allgemeinsprachlich oft unter diesem Begriff verstanden wird. Konfliktfähigkeit bedeutet für mich nicht nur Durchsetzungsfähigkeit, also die Fähigkeit erfolgreich zu kämpfen an Stellen, an denen sich andere resigniert zurückziehen. Wenn ich von Konfliktfähigkeit spreche, dann meine ich vor allem die Fähigkeit, aus dem reibungslosen Funktionieren der Objektrollenkorrespondenz (s. o.) auszusteigen. Sich auf bisher unbewußte und übergangene Konflikte einzulassen, bedeutet, Gefühle wichtig zu nehmen, die in der Starre der Objektrollen bisher unpassend, überflüssig oder nebensächlich erschienen. Eine solche Konfliktfähigkeit, ein solches Sich-Einlassen, kann nicht geübt oder trainiert werden. Sie entsteht aus der wiederholten Erfahrung, daß das Verlassen der konventionellen Rollenvorschriften und das Wichtignehmen der eigenen und fremden Subjektivität psychisch überlebt werden konnte, und daß durch diesen Vorgang ein neuer, erweiterter Lebensspielraum gewonnen werden konnte.

Jeder Mensch steht immer wieder vor der Frage: Reagiere ich wie immer, oder werde ich diesmal als Person deutlicher erkennbar als bisher? Das Risiko, sich dem Partner durch Deutlicher-werden-als-Bisher weiter anzunähern oder sich weiter als gewöhnlich von ihm zu entfernen, beinhaltet auch die Chance der freieren emotionalen Beweglichkeit. Diese größere Freiheit wird

aber nicht nur als Erleichterung empfunden, sondern auch mit Angst erlebt. Die starren Abstände zwischen den Personen dienen ja dazu, das ängstigende Gefühl, verschlungen oder ausgestoßen zu werden, zu vermeiden. Auch für mich als Balint-Gruppen-Leiterin geht es immer wieder um die Frage, ob ich es wage, mich einem Teilnehmer – eventuell auch kritisch – weiter anzunähern als bisher, oder ob ich den bewußt oder unbewußt vereinbarten Sicherheitsabstand zwischen uns aufrechterhalte. Veränderungen in Richtung auf eine Lockerung der Beziehungsstruktur sind nur möglich, wenn ich solche Schritte der Abwendung oder der Zuwendung wage. Nur soweit der Gewinn durch die Veränderung (mehr Freiheit) höher eingeschätzt wird als der Verlust (Verlust an Sicherheit), kann der von Freud entdeckte Wiederholungszwang aufgelöst werden. Die Auflösung des Wiederholungszwanges besteht in der ständigen Relativierung von Normen. Immer wieder werden auf diesem Weg bisher unreflektierte Unterscheidungen von »gut« und »böse«, von »richtig« und »falsch« in Frage gestellt, immer wieder müssen scheinbar selbstverständliche (therapeutische) Strategien in bezug auf ihre Bedeutung für die beteiligten Personen reflektiert werden. Prinzipiell bleibt in diesem Prozeß nichts unhinterfragt; de facto haben diese Infragestellungen jeweils dort ihre Grenze, wo die Angst der Beteiligten zu groß wird.
Abschließend möchte ich noch auf eine Veränderung hinweisen, die durch die gemeinsame Arbeit in der Balint-Gruppe möglich wird: das Aufgeben der Rolle als Fachmann, sowohl beim Balint-Gruppen-Leiter den Teilnehmern gegenüber, als auch bei den Teilnehmern ihren jeweiligen Bezugspersonen gegenüber. Dieser Vorgang widerspricht ganz besonders den Vorstellungen von einer Höherqualifikation als Fachmann im traditionellen Sinn durch die Balint-Gruppe. Balint selbst sprach in diesem Zusammenhang von dem »Mut zur eigenen Dummheit« (*Balint* 1957, S. 408), der durch die Arbeit in der Balint-Gruppe zu gewinnen sei. Ich spreche manchmal – bewußt provozierend – von der Möglichkeit, »die eigenen Patienten um Supervision zu bitten«. Ich meine damit letztlich nichts anderes als eine Relativierung der

Spaltung zwischen Subjekt und Objekt in einen Wissenden und einen Unwissenden. Im Lauf der Entwicklung einer Balint-Gruppe kann der Psychoanalytiker seine Rolle als wissender Fachmann immer mehr aufgeben, ähnlich wie das auch im Lauf einer gelingenden Analyse möglich ist. Die traditionelle Fachmann-Rolle weicht einer Haltung des Nicht-Wissens, des Fragens, des Vermutens, die mit der Realität seiner Person viel mehr übereinstimmt, und die die Gruppenteilnehmer sowie auch den Analysanden in größere Freiheit und Selbstveranwortlichkeit entläßt (*Bauriedl* 1980).

Parallel zu dieser Zunahme an Freiheit und Selbstverantwortlichkeit in der Balint-Gruppe wächst auch die Fähigkeit der Teilnehmer, sich ihren Patienten, Schülern, Gemeindegliedern, Untergebenen, Vorgesetzten usw. »anzuvertrauen«. Sie müssen weniger auf ihre Autorität als Fachmann, auf die Richtigkeit ihrer Anschauungen, auf die Berechtigung ihrer Forderungen bauen. In Situationen, in denen sie eine Verklammerung zwischen sich und dem Beziehungspartner spüren, werden sie häufiger versuchen, diese Beziehung und die in ihr enthaltenen Gefühle anzusprechen und den anderen nach seinen Gefühlen in der Beziehung zu fragen (»den Patienten um Supervision bitten«).

Damit ist der Veränderungsprozeß, der in der Balint-Gruppe begonnen hat, zu einem »unendlichen« Veränderungsprozeß für den einzelnen Teilnehmer geworden. Er wird die Erfahrungen, die er in der Balint-Gruppe mit solchen riskanten Versuchen der aufklärenden und kritischen Annäherung gemacht hat, auch fortsetzen wollen, nachdem er die Balint-Gruppe verlassen hat. Bisher vermiedene Konflikte anzusprechen, wird zwar immer noch ängstigend für ihn sein; die fortgesetzte Vermeidung von Konflikten zur Sicherung der eigenen Machtposition erscheint aber nach solchen emanzipatorischen Erfahrungen in der Balint-Gruppe oft weniger attraktiv als der Versuch, Konflikte aufzugreifen und durchzustehen.

Die Arbeit mit Lehrern in Supervisionsgruppen

Winfried Münch

> »Wie viel weißt Du, o Mensch, der Schöpfung König, Der Du, was sehbar siehst, was meßbar mißt, Wie viel weißt Du? und wieder, ach, wie wenig, Weil, was erscheint, doch nur ein Äußeres ist.«
>
> *Franz Grillparzer*

Wer immer sich in der Literatur, in kritischen Abhandlungen oder im Alltagsgespräch über Lehrer und Lehrerinnen äußert, kommt in die Versuchung, über sie einseitige Urteile zu fällen, gehässige und abwertende Bemerkungen zu machen – kurz – um sich auf diesen Weg für alle Kränkungen und Niederlagen zu rächen, die ihm einst von den eigenen Lehrern zugefügt worden sind.

Im öffentlichen Bewußtsein genießen sie kein hohes Ansehen. Man neidet ihnen die Ferien, die Arbeitszeit, und vielleicht erweckt es den größten Neid, daß sie den Vorzug genießen, ihre Arbeitszeit mit Kindern und Jugendlichen zu verbringen.

Auch in der Literatur haben sie nichts zu lachen. So jener »Professor Unrat« von Heinrich Mann: ein bösartiger, übelwollender Gymnasiallehrer, dessen Leidenschaften von einer durchtriebenen Kleinstadtdirne, deren Opfer er schließlich wird, geweckt werden. Oder dieser namenlose Mathematiklehrer aus Roberts Musils Erzählung »Die Verwirrungen des Zöglings Törleß«, der seinem durcheinandergebrachten, beunruhigten Schüler, der sich fragend und auf persönlichen Rat hoffend an ihn wendet, keinen anderen Ratschlag zu geben weiß, als auf eine lederne Kant-Ausgabe zu zeigen und zu sagen: »Sehen Sie,

dieses Buch, das ist Philosophie, es enthält die Bestimmungsstücke unseres Handelns.«[1]
Die karikierenden Darstellungen, mit denen diese Lehrer bedacht waren, bringen allerdings etwas über den Lehrerberuf an den Tag, was sonst selten oder kaum bemerkt wird. Der verunstaltete Professor Unrat, lächerlich und bösartig zugleich, agiert innerhalb eines Täter-Opfer-Systems. Dieser sich erhaben dünkende, selbstgefällige Lehrer, der mit sadistischer Quällust seine Opfer erniedrigt, wird schließlich, als seine leidenschaftlich-komischen Verwicklungen mit jener Dame zweifelhaften Rufes in der Öffentlichkeit durchsickern, entlarvt und selbst zum Opfer derjenigen, denen er als Pädagoge schon so lange ein Ärgernis war. – Jener andere hingegen, Musils hilfloser Mathematiklehrer, stellt die praktische Verkörperung eines Lehrers dar, der persönliche Begegnungen mit seinen Schülern meidet und dem es infolgedessen nicht gelingt, sich selbst zum Medium seiner eigenen Anschauungen zu machen. Die Situation, in der der Schüler fragend ihm gegenübersteht, macht ihm Angst. Nervös und unsicher rettet er sich hinter seinen Schreibtisch und betäubt den Schüler mit seinem Schwall der Worte. Am Ende befreit er sich von ihm mit Hilfe einer paradoxen Strategie: er verweist ihn auf die Lehre idealgerichteten Handelns.
Das Allgemeinste, was diese beiden sonst so ziemlich unterschiedlichen Lehrer miteinander verbindet, ist ihre menschliche Triebnatur, von der beide bestimmte Anteile, entsprechend ihrer je individuellen Persönlichkeitsstruktur, in ihren Begegnungen mit den Schülern zur Geltung bringen: der eine seinen mit Mühe verkappten Sadismus, der andere seine Triebabwehr in Form der Selbst-Neutralisierung. Während dieser für den Schüler nichtssagend und beziehungslos bleibt, wirkt jener auf seine Schüler existenzbedrohend und weckt ihren Haß. Beide dürfen es sich anscheinend nicht gestatten, zu ihren Schülern in Beziehungen zu treten, die von Zuneigung und Verstehen getragen werden.[2]
Die Schule ist kein pädagogisches Paradies, in dem sich Lehrer und Schüler harmonisch begegnen und das Wissen von dem einen zu den anderen fließt. So schön das wäre: Sie ist jedoch eine

Anstalt, hierarchisch organisiert, mit autoritätsgebundenen Arbeits- und Lernverhältnissen. Sie verlangt von ihren Mitgliedern förmlichen Umgang und Arbeitshaltungen. Sie kontrolliert die Leistungen ihrer Mitglieder – vor allem die der Schüler und beurteilt diese vom »Sehr gut« bis zum »Ungenügend«. – Die Schulklasse selbst ist eine organisatorisch erzwungene und an Rollen gebundene Zweckgemeinschaft, in der es jedoch zu ganz persönlichen Verhaltensbegegnungen zwischen einem erwachsenen Lehrer und einer Gruppe etwa gleichaltriger Schüler kommt. In diesen zeit-räumlichen, zweckbestimmten Zusammenkünften, der Unterrichtsstunde, findet nicht bloß ein dialogischer Austausch, ein Frage- und Antwortspiel, über die vom Lehrer eingebrachten fachlich-sachlichen Informationen statt. Dieser wird von allerlei gefühlsbestimmten inneren Erfahrungen und gefühlsbesetzten Aktivitäten aller am Unterrichtsspiel Beteiligten begleitet, die auf den Unterrichtsvorgang selbst keinen geringen Einfluß nehmen. – Neben den situativen Affektbestimmtheiten jedes einzelnen Klassenmitglieds wird die Klasse selbst als Gesamtgruppe immer auch von einem bestimmten Gefühlsklima beeinflußt. Da gibt es beispielsweise Schulklassen, in denen ständig eine bedrückende und gedämpfte Sanatoriumsatmosphäre spürbar ist. In anderen hingegen geht es aufgeregt und munter zu: es wird gelacht und gestritten.

Besonders dann, wenn ein bestimmtes Affekt- und Abwehrverhalten, das über kurz oder lang provozierend wirkt, keine Mäßigung erfährt, muß damit gerechnet werden, daß die nicht mehr genügend gebremsten oder provozierten Affekte die Schranken durchbrechen, die normalerweise durch die Autorität des Lehrers und das Unterrichtsritual gesetzt sind. Plötzlich geschieht etwas, was alle Anwesenden in Erregung versetzt, die sachbezogenen Interaktionen unterbricht und vielleicht Entrüstung auf der einen, heimliche oder offene Freude auf der andere Seite auslöst. So etwas widerfuhr zum Beispiel einer jüngeren, attraktiven Lehrerin, die an einer Grundschule unterrichtete, die in einem vorwiegend von deutschen und ausländischen Arbeitern bewohnten Großstadtviertel liegt. Diese Lehrerin legte Wert auf ein gepflegtes Äußeres und exquisite Kleidung. Dadurch, aber auch durch ihre freundliche Distanziertheit in ihrem Umgang mit den Schülern, wirkte sie in dieser Schule etwas fremdartig. – Einmal las sie ihrer Klasse eine Frühlingsgeschichte vor, in der mehrmals das Wort »Vögel« vorkam. Als sie dieses einige Male kurz hintereinander ausgesprochen hatte, begannen einige Jungen zu kichern. Sie nahm dieses zwar leicht irritiert wahr, konnte es aber situativ nicht in einen Zusammenhang zu jenem Begriff selbst bringen, der bei diesen Jungen diesen Affekt auslöste. Nun gänzlich unerwartet für sie stellten sich zwei Schüler auf ihre Stühle und demonstrierten durch entsprechende Körper- und Handbewegungen, was zumindest sie in der Situation mit diesem Wort verknüpften. – Die Lehrerin war völlig konsterniert, erst einmal sprachlos und wußte sich dann keinen anderen Rat, als diese Schüler vor die Tür zu setzen.

Dies ist ein Beispiel dafür, wie sich in einer Unterrichtssituation der Sexualtrieb fast ungeschminkt eine exhibitionistische Ausdrucksform verschafft. Die Lehrerin war betroffen und gekränkt. Die beiden provozierenden Schüler, die durch ihre obszöne Aktion ihre schöne Stunde zerstörten, wurden von ihr bestraft. Ihren Anteil an dem Konflikt sah sie zunächst nicht.

Derartige Konflikte entwickeln meist eine Eigendynamik, die alle Konfliktbeteiligten mitreißt und dazu verführt, mit Verhaltensweisen aufzuwarten, die bei nachträglicher Betrachtung hinsichtlich ihrer affektiven Aufwände, inhaltlicher Argumentation und eingeschlagener Lösungsversuche als unangemessen oder gar widersinnig erscheinen.

Konfliktverläufe, die sich der Beeinflussung durch vernünftiges Handeln entziehen, rufen bei allen Beteiligten Gefühls- und Triebaktivitäten hervor und provozieren Einstellungshaltungen, die mit der gegenwärtigen Situation nur insofern noch etwas zu tun haben, als sie als Entäußerungen unzulänglich verarbeiteter Triebkonflikte aus jeweils individuellen Lerngeschichten zu verstehen sind. Sie sind Ausdrucksformen, die sich im Laufe ganz persönlicher Lebensgeschichten in den Auseinandersetzungen über die eigenen Bedürfnisse mit den jeweiligen Anpassungsforderungen der Eltern hinsichtlich Triebkontrolle und Verhaltenszügelung bei jedem einzelnen langsam herausgebildet haben. In solchen Vorgängen zeigt sich auch die Nichtgebundenheit menschlicher Triebkraft an Zeit und Raum, sowie die Neigung der ursprünglich verdrängten oder anderweitig verarbeitenden Triebkonflikte, unentwegt nach Gelegenheiten zu suchen, um sich in den eingespielten Abwehrformen erneut in Szene zu setzen. Sobald sich also ein altes infantiles Konfliktthema unerkannt in die Interaktionen der Gegenwart eingemischt hat, wirkt es hier fremdartig, wird falsch verstanden und bewirkt infolgedessen unangemessenes Verhalten.

Da es Aufgabe des Lehrer ist, alle hedonistischen Interessen die sich in der Unterrichtssituation störend durchsetzen möchten, zum Scheitern zu bringen, muß er laufend seinen Schülern und natürlich sich selbst Lustopfer auferlegen. Die Folge ist, daß der Unterricht von einem grundsätzlich nicht aufhebbaren Gegensatz zwischen Lustbedürfnissen und Realitätsinteressen gekennzeichnet ist, an dem sich immer wieder Triebkonflikte entzünden werden.

Wer als Erwachsener von Kindern und Jugendlichen Triebverzicht, Anpassung und Arbeitshaltungen verlangt, wird von diesen der Erwachsenenwelt zugerechnet und in elterlichen Funktionen oder in denen älterer Geschwister erlebt. Diese Art der Wahrnehmung bewirkt bei Schülern, daß sie ihren Lehrern mit Verhaltensformen und Verhaltenswünschen begegnen, die sie vom Umgang mit ihren eigenen Eltern oder älteren Geschwistern her gewohnt sind. Diese zeigen sich in Gefühlshaltungen, die sich zwischen Liebe und Haß bewegen, in Verhaltensweisen, die Nähe oder Distanz ausdrücken, oder solchen, die Unterwerfung oder Widerstand bedeuten, aber auch in den mannigfachen Versuchen, die Autoritätsfestigkeit und den Gerechtigkeitssinn des Lehrers auf die Probe zu stellen. – Andererseits spiegeln die vielen Schüler, auf die der Lehrer während seiner Unterrichtstätigkeit trifft, ihm unbewußt Ausschnitte aus seiner eigenen Kindheit und Schülerzeit wider. Diese Spiegelung kann ihn dazu verleiten, jene so zu behandeln, wie er einst von seinen eigenen

Eltern oder Lehrern behandelt worden ist, überdies auch, sich mit seinen Schülern zu identifizieren, und Verhaltensweisen von ihnen anzunehmen, die es ihm ermöglichen sollen, sich ihnen als ein Gleicher zu nähern.

Gerade die ritualisierte und berufsspezifische Triebabwehr, wie sie von vielen Lehrern gegenüber Schülern praktiziert wird, bietet ihnen genügend Möglichkeiten, unauffällig die eigenen Aggressionsneigungen oder sexuell gefärbte Wünsche ins Spiel zu bringen. Die Vorliebe mancher Lehrer, mit sadistischem Genuß zu zensieren, unaufhörlich Schüler mit hartnäckiger Pedanterie zu behelligen oder sich aufdringlich in deren Intimitäten einzumischen, als neugieriger Kontrolleur an Orten aufzutauchen, wo Verbotenes stattfindet, ist ein Benehmen, das verunglückte Kompromißbildungen zwischen abgewehrten Triebwünschen und gegengerichteten Verboten zum Ausdruck bringt. Der verpönte Triebwunsch hat sich mit einer beruflichen Aufgabe des Lehrers, mit der Betonung, Überprüfung oder Anteilnahme unbemerkt verbunden und damit einen Weg gefunden, auf dem er ungestraft das Objekt, dem sein Befriedigungsinteresse gilt, erreichen kann (vgl. *Fürstenau* 1979, *Münch* 1984, 1984 a).

Man möchte es jedem Lehrer wünschen, eine Lösung im Rahmen seines persönlichen Verhaltenstils zu finden, die ihm hilft, sich in der Weise mit dem Triebmilieu der Insitution Schule zu arrangieren, daß er nicht dauernd in die Triebinszenierungen der anderen hineingezogen wird und daß er nicht andere benutzen muß, um an ihnen seine eigenen unerledigten Triebkonflikte auszuagieren.

Das ist eine schwierige, wenn nicht gar unmögliche Aufgabe für den Lehrer, weil er als Pädagoge selbst immer auch Akteur in dem äußerst lebendigen System Schulklasse ist. Im Gegensatz zum Therapeuten, der sich Zurückhaltung auferlegt, der auf die Kontrolle seiner Klienten verzichtet und der allein deren Realität zu verstehen sucht, muß der Lehrer gleichzeitig gestatten und unterbinden, agieren und reagieren – und schließlich auch reflektieren.

Viele fühlen sich von diesen eigentlich widersprüchlichen Aufgaben überfordert. Sie geraten immer wieder in Verwicklungen und sind dauernd damit beschäftigt, gegen das Chaos in ihren Klassen anzukämpfen. Andere hingegen nehmen von vornherein eine aggressiv-defensive Grundhaltung an, verpuppen sich in ihrer Rolle, sind förmlich und starr. Sie versuchen, durch ihre auf einem nicht biegsamen Nein beruhenden Verweigerungs- und Unterdrückungshaltungen alle Gegenwünsche und Gegeninteressen zu unterdrücken. Sie handeln mit kühler Vernunft, und Schüler sind für die Objekte, die man sich beherrschbar machen muß, regulieren und korrigieren kann. Für sie ist es selbstverständlich, die schulischen Mittel des Gefügigmachens einzusetzen: die strenge Überwachung der Tätigkeiten, die normierenden Sanktionen sowie die qualifizierenden und klassifizierenden Beurteilungen (vgl. *Foucault* 1976, S. 220ff.).

Lehrer, die nicht ständig ums Überleben kämpfen müssen, weil sie sich zum Opfer der Lustlaunen ihrer Schüler machen lassen, oder die nicht allein auf der Unterwerfung jener bauen und dennoch mit ihren Schülern und ihrer Arbeit gut zurechtkommen, sichern sich ihre Ordnung durch positiv besetzte libidinöse Bindungen, die das Band der Arbeits- und Zweckgemeinschaft miteinander verknüpfen. Derartige Bindungen, die jenen entsprechen, wie sie zwischen Eltern und Kindern oder älteren und jüngeren Geschwistern üblich sind, bilden die Basis dafür, daß Schüler aus Zuneigung zum Lehrer, über Identifikation mit ihm oder aus Bewunderung für ihn, zum Lernen und zur Leistung angespornt werden. Übertragungsbeziehungen dieser Art fehlt von vornherein die Grundlage dafür, sich entweder grundsätzlich zu verweigern oder unterwerfen zu müssen. Sie erlauben zwar den Widerstand und den Konflikt; aber der erwachsene Lehrer bietet sich dabei als Persönlichkeit an, die Angriffen und Infragestellungen standhält – also weder eine starre immobile Position einnimmt noch mobil hin- und herschwankt und so seine Autorität selbst demontiert.

Da die Beziehungen zwischen Lehrern und Schülern dem Sexualtabu unterliegen, deshalb weitgehend desexualisiert und überdies mit spezifischen Arbeitsaufträgen verknüpft sind, gestalten sie sich im positiven Fall über Identifikation und Idealisierung.

Dann streben Schüler danach, so zu werden wie er ist; er verkörpert ihr Ich-Ideal.

Lehrer, die sozusagen das Ich-Ideal ihrer Schüler besitzen, haben natürlich Macht über sie. Sodann ist es gut, »wenn diese Führer Personen von überlegener Einsicht in die Notwendigkeiten des Lebens sind, die sich zur Beherrschung ihrer eigenen Triebwünsche aufgeschwungen haben« (*Freud* 1927, S. 141). Eben darum sollten die problematischen Seiten an der Vorbildrolle nicht übersehen werden. Lehrer, die sich vor ihren Schülern mit ihrem reichen Wissen, ihrer sprühenden Phantasie und der Großartigkeit ihrer Ideen- und Ideologiewelt von der trivialen Alltagsrealität wie ein abgehobener Messias darstellen, fördern in ihren Schülern später schwer zu überbrückende Spaltungen zwischen Subjekt und Objekt, zwischen Theorie und Praxis und zwischen dem Ich und dem Ich-Ideal. Sie bieten ihren Schülern keine konfigurierte Beziehungsstruktur und auch keine Identifikationsmöglichkeiten mit ihrer wahren Person an, sondern verzaubern sie eher mit der Allmacht ihres Wissens und ihrer idealen Ideen (*Münch* 1984, S. 85).

Solche Beziehungen sind auch aus einem anderen Grund sehr brüchig. Der Lehrer kann nicht alle Schüler gleich behandeln, zu allen gleich freundlich und hilfsbereit sein. Die einen mag er mehr, die anderen weniger. Außerdem kann er sich nicht entziehen, ihre Leistungen zu beurteilen. Dabei wird es immer welche geben, die schlecht wegkommen, sich benachteiligt und gekränkt fühlen. Diese, die die Schule ohnehin als Druck und Plackerei erleben, ziehen schnell ihre positiven Übertragungen zurück, verharren im Selbstmitleid oder in stiller Opposition. Oder sie suchen nach Möglichkeiten, die ihnen für die erlittenen Kränkungen Genugtuung verschaffen. Sicherlich kann man die Ursachen für viele Disziplinlosigkeiten, Wutausbrüche, kalten Sarkasmus oder bittere Ironie, die Schüler sich gegenüber Lehrern erlauben, in diesen Zusammenhängen finden.

Ohnehin entziehen sich die angesprochenen Beziehungsgestaltungen zwischen Lehrern und Schülern insofern der Lenkung durch den Lehrer, als sie immer auch von alten Beziehungsmu-

stern aus der eigenen Familie unbewußt mitgestaltet werden. So, wie dort der einzelne, ob Lehrer oder Schüler, im Beziehungsgeflecht zu seinen Eltern und Geschwistern seine familiäre Rolle ausgestalten konnte, wird er nun auch in der Schulklasse versuchen, seine Beziehungen zu gestalten.
Nicht nur der Lehrer beobachtet das Verhalten seiner Schüler; auch umgekehrt beobachten sie sein Verhalten und haben bald heraus, wie er ist. Besonders interessieren sie sich für seine Verhaltensunsicherheiten, die sie in das Spiel ihrer Interessen hineinbringen möchten, und vermerken genau, wem seine Bevorzugung gilt und wen seine Benachteiligungen treffen.
Gerade ihre Kontrolle hindert ihn daran, die ihm auferlegte Triebabstinenz nicht zu durchbrechen. Ihr Motiv ist klar: Wenn ich nicht der Bevorzugte bin, der seine besondere Zuwendung erfährt, dann soll es auch kein anderer sein (vgl. *Freud* 1914).
Damit ist das Feld für ein Supervisionsverfahren abgesteckt, das sich an Lehrer wendet und in der kleinen Gruppe (sechs bis zehn Teilnehmer) durchgeführt wird. Die Gruppentreffen finden gewöhnlich während der Schulzeit einmal wöchentlich statt. Sie dauern zwei Stunden.
Zwei Arten von Gruppen, die sich äußerlich lediglich hinsichtlich Mitgliedschaft voneinander unterscheiden, muß man auch sonst auseinanderhalten. Zur einen Kategorie zählen die sogenannten »Schulgruppen«, deren Mitglieder alle aus derselben Schule kommen, und zur anderen »Lehrergruppen«, deren Mitglieder in verschiedenen Schulen tätig sind.
Diese Unterscheidung hat für die Supervisionsarbeit selbst eine wichtige indikative Bedeutung. In den Schulgruppen breitet sich durchgängig die Atmosphäre, das Milieu und aktuelle Konfliktklima der Schule aus, aus der die Gruppenmitglieder kommen, so daß diese Gruppen als verkleinerte Abbilder der jeweiligen Schule und des dazugehörigen Kollegiums zu sehen sind. Sie begleiten reflektierend die Entwicklung »ihrer« Schule, befassen sich mit den Vorkommnissen in ihr. Die Themen, die in solchen Gruppen behandelt werden, beziehen sich meistens auf Konflikte und Schwierigkeiten, die die Gruppenmitglieder im Schulalltag,

dort, wo sie um die Gunst einer Klasse miteinander konkurrieren, unterschiedliche Einstellung zur Schulleitung einnehmen oder sich bestimmten Kollegen oder Kollegengruppierungen näher und verpflichteter fühlen als anderen, in unterschiedlichen Positionen und mit ebensolchen Sichtweisen erleben. Wie nahe sich dabei Erfahrungsaustausch und konkurrierende Rivalität kommen, zeigt der folgende Dialog in einer solchen Gruppe zwischen einer Lehrerin und einem Lehrer. Sie unterhalten sich über einen bestimmten Schüler, den sie beide aus derselben Klasse, in der sie beide unterrichten, kennen:

Er: Michael stört eigentlich ständig meinen Unterricht durch Dazwischenreden. Er bringt es immer wieder fertig, daß ich mich aufrege und aus dem Konzept komme.
Sie: Mir macht der Michael überhaupt keine Schwierigkeiten.

In diesen Supervisions-Schulgruppen spielen demgemäß Konkurrenz- und Rivalitätserlebnisse sowohl in den eingebrachten Supervisionsthemen wie auch auf der Gruppenebene eine gleich große Rolle wie in der Schule selbst. Für das Supervisionsgeschehen folgt daraus, daß die institutions- und rollenüblichen Abwehrmechanismen, wie sie die beruflichen Interaktionen in der Schule beeinflussen, auch in der Gruppe – anfangs mehr, später weniger – auftreten. Sie zeigen sich im gegenseitigen Mißtrauen, in der Neigung, andere nicht in die eigene Klassen gucken zu lassen oder mehr über Abwesende, die »konservativen Kollegen« und lieber über die Schulleitung, als aber sich selbst zu reden.
Lehrergruppen, deren Mitglieder nicht innerhalb einer Schule in einem direkten Arbeitsverhältnis zueinander stehen, entwickeln erfahrungsgemäß ein vertrauensvolleres Gruppenklima als jene Schulgruppen. Die Abwehr in diesen Gruppen ist weniger fest, und die Gruppenteilnehmer erlauben sich die Offenheit, ganz persönliche Berufserlebnisse, in denen sie nachhaltig negativ wirkende affektive Erfahrungen machen mußten, zu berichten. In diesen Geschichten werden persönliche Offenbarungen

gemacht, die aus verschiedenen Gründen im Kollegenkreis der eigenen Schule nicht gut aufgehoben wären. Sie werden jedoch von einer Gruppe getragen, wenn jedes Gruppenmitglied sicher sein kann, daß das Besprochene nicht nach außen dringt, wenn man mit den anderen Gruppenmitgliedern nicht den beruflichen Alltag verbringen muß und man allmählich die Erfahrung macht, daß jeder andere in der Gruppe Geschichten, die er auch erzählen wird, in petto trägt, in denen auch er Schiffbruch erlitten hat. Da in solchen Geschichten immer auch Schuld und Scham eine Rolle spielen, ist es wichtig, daß diese Phänomene in der Gruppe nicht moralisch ausgedeutet und zur Stigmatisierung benutzt werden. Nicht auf Rechtfertigung kommt es dabei an, sondern auf Linderung und Sinnverstehen.

Grundsätzlich sind nach dem hier vertretenen Supervisionskonzept derartige Gruppen dazu da, Lehrern einen strukturierten Handlungs- und Untersuchungsrahmen zu bieten, in dem sie mit fachlicher Unterstützung eines Gruppensupervisors bereits vollzogene berufliche Interaktionsvorgänge, die für sie einen unbefriedigenden Verlauf nahmen oder sie in Konflikte mit anderen hineingezogen haben, in der Gruppe als sogenannte »Fallerzählung« vorzustellen. Dieses mit der Absicht, die alte Geschichte in der Gruppe noch einmal in der Wiederholung zu erleben, jedoch im Unterschied zum Originalvorfall sich auf einen Prozeß einzulassen, in dessen Verlauf sich Wiederholung und Reflexion miteinander ablösen. Dabei wird immer das Ziel verfolgt, die in der erzählten Geschichte verborgenen unbewußten Handlungsmotive, die möglicherweise die Originalszene verdorben haben, selbsterfahrend zu erleben und sinnverstehend zu begreifen.

Die Supervisionsgruppe ist demnach mehr als eine bestimmte Organisationsform strukturell-funktionaler Art, die ihren Mitgliedern Gelegenheiten bietet, über persönliche Berufserlebnisse zu diskutieren. Sie ist auch eine Beziehungsgemeinschaft, die lebendig wird, sobald sich die Gruppenmitglieder zu ihrem Arbeitszweck versammelt haben. Dieses Leben, das sich allein aus dem zeit-räumlichen und zweckgerichteten Beisammensein mehrerer Menschen entfaltet und über das jeweilige charakteristische Gruppenklima von den anwesenden Gruppenmitgliedern situativ gespürt wird, setzt sich aus einer Summe nicht faßbarer Faktoren, zum Beispiel aus den zur Gruppe mitgebrachten Gefühlsgestimmtheiten und den Nähe- und Distanzbedürfnissen einzelner, aber auch aus dem Vertrauenspotential, über das die Gruppe gerade verfügt, zusammen. Daraus entsteht ein ganz spezifisches psycho-dynamisches Gruppenklima, das sicherlich auch indirekt Einfluß darauf nimmt, wer sich aus der Gruppe mit welchem Inhalt zu Wort meldet.

Die jeweilige psycho-dynamische Grundstruktur der Gruppe wird dann durch den Erzähler und den Inhalt seiner Geschichte besetzt und in Schwingungen gebracht. Dieses geschieht einfach dadurch, daß die anfänglich zuhörend beteiligten Gruppenmitglieder sich mehr und mehr als Gefühlsbeteiligte in die Geschichte des Erzählers hineinziehen lassen. Ohne bewußte Absicht ist jeder plötzlich in die Originalgeschichte und mit deren Akteuren verwickelt: über Identifikationen, Distanzierungen, über Ärger, Schadenfreude oder Mitleid. Diese und andere Gefühlsbeteilungen und Übertragungsvorgänge bewirken nichts weniger, als daß die Ursprungsgeschichte hinsichtlich Struktur und Psychodynamik im System und Spektrum der Gruppe neu konstituiert wird. Dieser Vorgang bildet die Basis dafür, daß jene Geschichte selbst, nun mit anderen Mitspielern und unter textkommentierender Begleitung, noch einmal zur Aufführung gelangen kann.

Wie sich ein solches Wiederholungsspiel in der Supervisionsgruppe ausgestalten kann, soll am folgenden Beispiel, das aus einer bereits länger zusammenarbeitenden Lehrergruppe stammt, veranschaulicht werden. Diese Gruppe zählt neun Mitglieder, fünf Frauen und vier Männer, die alle als Lehrer an verschiedenen Schulen unterrichten.

Zu Beginn der Sitzung war in der Gruppe ein leicht gedämpftes, aber nicht spannungsfreies Gruppenklima zu spüren. Auch im Zusammenhang mit einem fünfzehnminütigen Anfangsschweigen, das für diese Gruppe ungewöhnlich lang anhielt, schien die Gruppe ausdrücken zu wollen: Wir wollen heute von einem aus der Gruppe eine Geschichte hören, der unter Druck ist und sie uns am liebsten verschweigen möchte.[3] In den letzten Minuten des Schweigens war der Lehrer A, etwa 30 Jahre alt und seit zwei Jahren Studienrat an einem großstädtischen Gymnasium, immer unruhiger geworden. Er räusperte sich mehrmals und äußerte schließlich:

»Ich muß mal was erzählen. Ich habe einen Konflikt mit meinem Schulleiter, in den auch meine Klasse verwickelt ist. Das macht mich ganz schön fertig. Ich muß da dringend etwas unternehmen, und ich habe auch schon andere um Rat gefragt. Ich will das alles mal der Reihe nach erzählen.«

A begann nun mit einem längeren Bericht, der im folgenden leicht verkürzt und dem Inhalt nach wiedergegeben wird.

Eine Woche vor einem durch Konferenzbeschluß verbindlich festgelegten Wandertag machten einige Schüler aus einer 8. Klasse, in der fast nur Jungen waren, ihrem Klassen- und Deutschlehrer A den Vorschlag, die Wanderung abzublasen und statt dessen am Vorabend des Wandertags gemeinsam eine Theatervorstellung zu besuchen. Sie behaupteten, gerade an diesem Abend werde ein geeignetes Stück gespielt, und ein Anruf beim Theater habe ergeben, daß auch noch Eintrittskarten zu haben seien. Obwohl sich A in seiner Rolle als Deutschlehrer geschmeichelt fühlte, zumal Schüler dieser Klasse noch nie mit einem derartigen Wunsch an ihn herangetreten waren, widersetzte er sich ihnen zunächst. Er hatte dafür mehrere Gründe: Er hatte mit der Klasse oft Ärger und deshalb keine Lust, extra für sie einen Abend zu opfern. Außerdem hatte er für diesen Abend bereits eine private Verabredung getroffen, die ihm wichtig war. Folglich bestand er auf der Wanderung, führte aber nur als Grund seine private Verabredung ins Feld. Die Schüler ließen sich aber nicht von ihrem Vorhaben abbringen und meinten, er könne doch einen anderen Lehrer als Begleitung engagieren. Schließlich gab er nach und bat einen älteren Kollegen, den er schätzte und der in dieser Klasse Mathematik unterrichtete, an seiner Stelle mit der Klasse ins Theater zu gehen. Dieser entgegnete, er habe das fragliche Stück bereits gesehen und sei sich ziemlich sicher, daß es für diese Schüler kaum das richtige sei. Aber wenn der Herr Kollege wolle, übernehme er selbstverständlich die Vertretung. A fragte nicht weiter nach – wohl auch, weil ihm nun ein freier Tag winkte. Die Schüler organisierten alles Weitere: die Eintrittskarten – und heuerten die Mutter eines Schülers als zweite vorgeschriebene Begleitperson an.

Der Theaterbesuch fand statt. A hatte seinen freien Tag, konnte den aber nicht richtig genießen, weil ihm plötzlich eingefallen war, daß er den Schulleiter von dieser Umdisposition nicht unterrichtet hatte. Er fürchtete nun, Ärger zu bekommen.
Tags nach dem Wandertag hatte A wieder Unterricht in dieser Klasse. Er fragte eher beiläufig, wie es denn im Theater gewesen sei. Er bekam die belanglose Antwort: »Ganz gut« und gab sich damit zufrieden. In der Pause traf er jenen Kollegen und fragte auch diesen. Dieser antwortete vieldeutig, einige Schüler hätten Operngläser dabei gehabt, schließlich habe das Stück ja mit Gestöhne auf dunkler Bühne begonnen. Außerdem habe die Mutter mit ihrem Sohn und noch einigen Schülern die Vorstellung in der Pause empört verlassen.
A erkundigte sich nicht weiter, tat auch sonst nichts, um sich vor Ärger zu schützen, geriet aber in Panik wegen der Befürchtung, Eltern könnten sich bei der Schulleitung beschweren. Nach einigen Tagen fragte er einmal den Sohn der gewählten Klassen-Elternbeirätin, ob sich jemand bei seiner Mutter beschwert habe. Der meinte, er wisse von nichts.
Vierzehn Tage geschah nichts, dann wurde er zum Schulleiter gerufen. Da saß schon der ältere Kollege, A's Stellvertreter beim Theaterbesuch. Da wegen dieser Geschichte Elternbeschwerden eingetroffen waren, wollte der Schulleiter, daß A die Umstände erkläre und sich dazu äußere, was ihn veranlaßt habe, die Schüler in dieses Stück zu schicken. Da A weder Namen noch Inhalt des Stücks kannte und sich zu seiner Rechtfertigung auf Schülerwünsche berief, verlor der Schulleiter die Fassung und putzte A herunter. Er hielt ihm vor, die Schule blamiert und seine Dienstpflichten verletzt zu haben. Jener dabeisitzende Kollege bedeutete dann auch noch dem Schulleiter, daß er dem Kollegen A von dem Theaterbesuch abgeraten habe. Woraufhin der Schulleiter meinte, ihm seien natürlich keine Vorwürfe zu machen; A allein trage die Verantwortung. A stand da wie ein begossener Pudel, unfähig, sich zu wehren oder dämpfend auf die Situation einzuwirken. Er bat lediglich beim Hinausgehen den Schulleiter um einen weiteren Gesprächstermin in dieser Angelegenheit. Als die beiden Lehrer wieder auf dem Flur waren, empfahl der ältere dem jüngeren, dem Schulleiter alles ungeschminkt einzugestehen. Der könne es überhaupt nicht vertragen, wenn sich jemand, der Unrecht habe, rausrede. A beendete seine Erzählung mit Enttäuschungsäußerungen über diesen Kollegen und tat noch die Besorgnis kund, möglicherweise werde der Schulleiter gegen ihn dienstrechtliche Schritte einleiten oder einige Eltern würden auf dem kommenden Elternabend ein Tribunal veranstalten.

Soweit die inhaltliche Wiedergabe von A's ganz persönlicher Schilderung jener Ereignisse vor der Gruppe. Schon im Verlauf seiner Erzählung, bei der er die einzelnen Vorkommnisse präzise und nüchtern-sachlich schilderte, aber auch mit einer wenigstens zum Schmunzeln reizenden Naivität erzählte, wurde es in der Gruppe zusehends unruhiger. Manchmal konnten sich einige das Lachen nicht verkneifen. Andere schienen mühsam ihren Ärger zurückzuhalten, und wiederum anderen konnte man Betroffenheit anmerken. Daraus ließ sich schließen, daß sich bereits während der Eingangserzählung die gesamte Konfliktstruktur der Originalereignisse, soweit sie bis dahin erkennbar war, in der Gruppe abbildete. Die sich amüsierenden Gruppenmitglieder identifizierten sich offenbar mit denjenigen Schülern, die scheinheilig ihren Lehrer dazu überredet hatten, sie eine Theatervorstellung besuchen zu lassen, bei der sie Porno auf der Bühne erwarteten. Andere dagegen, die ärgerlich waren, hielten sich in Eltern- und Schulleiternähe auf. Eine dritte Gruppierung teilte mehr A's Enttäuschungen und Besorgnis.

Fürs erste prasselten Fragen auf A nieder. Die Gruppe schien neugierig darauf, zu erfahren, weshalb ihm die geheimen Absichten der Schüler verborgen geblieben waren und er es unterlassen hatte, sich über das Stück zu informieren. Ihm sei nichts Derartiges an den Schülern aufgefallen, auch er sei nicht darauf gekommen, sich zu informieren, meinte er daraufhin. Nun bat ihn eine Frau, doch mal den Inhalt des Stücks zu erzählen. Er mußte eingestehen, daß er es immer noch nicht kannte – nicht einmal dessen Namen. Das Erstaunen war groß. Er wurde gefragt, wie er sich denn das weitere Gespräch mit dem Schulleiter vorstelle, wenn er dann immer noch nicht wisse, was die Schüler gesehen hätten. Hier nun wirkte er sprach- und hilflos.

Ein weiterer Aspekt seines Verhaltens, der im Originalvorfall eine große Rolle gespielt hatte, wurde hier in der Gruppe erfahrbar. Hier wie dort verhielt er sich nach dem Motto »Was ich nicht weiß, macht mich nicht heiß«. Er ließ unbeeinflussend die Dinge laufen, die sich allesamt letztlich gegen ihn selbst wendeten. Die Schüler wollten ihn reinlegen, wohl aber auch dazu verführen, mit ihnen eine »Sexshow« zu besuchen. Er gab sich zwar ahnungslos, aber unbewußt mußte er ihre Absicht durchschaut haben. Denn er entzog sich ihnen, ließ sie gehen und schickte einen Stellvertreter mit, der ihm berichten sollte. In Wahrheit hatte ihn ja der ältere Kollege über das Stück aufgeklärt, wenn auch nur soviel, daß ihm der Spaß gegönnt wurde, an den sexuellen Interessen pubertierender Schüler wenigstens passiven Anteil zu nehmen.

A gestattete sich dieses Vergnügen nicht, obgleich seinem merkwürdigen Verhalten zu entnehmen ist, daß er zwischen Wunsch und Verbot hin- und hergerissen wurde und sich schließlich für einen Kompromiß entschloß: die anderen vor Ort zu schicken und selbst zu Hause zu bleiben.

Die Supervisionsgruppe jedenfalls verfolgte diese Spur. Sie richtete an dieser Stelle – vom Supervisor nicht bewußt beeinflußt – ihre Aufmerksamkeit auf die lebensgeschichtliche Vergangenheit, genauer gesagt: auf den »pupertierenden Schüler A«. Zunächst erzählten zwei Männer, wie sie als Vierzehnjährige versucht hatten, in »Kolle«- oder »Bergmann«-Filme zu gelangen. Dann befragten sie A, wie er das damals gemacht hätte. A erinnerte sich, daß in seinem Elternhaus über Sexualität nicht gesprochen wurde. Seine Eltern hätten ihm damals vermittelt, daß das Sexuelle etwas Anstößiges sei. Er habe sich deshalb von Schulkameraden, die aufgeklärter als er gewesen seien oder schlüpfrige Reden geführt hätten, ferngehalten, obwohl er neugierig gewesen sei. Sein Vater hätte ihn sicherlich verdroschen, falls er von dem beispielsweise mit einem Pornoheft erwischt worden wäre.

Der Supervisor deutete nun: Jetzt habe er sich anscheinend diese Prügel vom Vater-Rektor geholt, der ihn dabei ertappt habe, wie er seine Schüler in eine »Sexshow« gehen ließ.

Obwohl A zu diesem Zeitpunkt mit dieser Deutung noch nicht viel anfangen konnte, fiel ihm ein, daß ihm bereits mehrmals in dieser Klasse »nackte Frauen« auf seinen Lehrertisch gelegt worden seien. Ein Gruppenmitglied fragte, wie er darauf reagiere. Er äußerte, daß er sich meistens das Bild kurz anschaue,

eine belanglose Bemerkung dazu mache und mit dem Unterricht beginne. Wenn er ehrlich sei, bringe ihn das immer ein bißchen in Verlegenheit. Der Supervisor meinte dazu: Die Klasse wolle offensichtlich mit ihm über Sexualität ins Gespräch kommen. Vielleicht wolle sie von ihm etwas Bestimmtes erfahren.
Da erinnerte er sich, daß er von Schülern schon öfters gefragt worden sei, wo er wohne, ob er eine Freundin habe oder verheiratet sei und Kinder habe. Er habe auf derartige Fragen stets ausweichend geantwortet. Vermutlich seien die Schüler in dem Glauben, daß er nicht einmal eine Freundin habe. Der Supervisor gab ihm darauf zu verstehen, daß die Schüler, wie es scheine, die Verhältnisse umdrehten. Normalerweise sei es so, daß die Väter ihre Söhne aufklärten, wie es mit der Sexualität und den Frauen vor sich gehe. In seinem Fall seien die Schüler der Meinung, sie müßten ihren Lehrer aufklären, mit ihm in eine Sex-Vorstellung gehen; aber er sei davongelaufen.
In diesem Zusammenhang trat seine mobile Position, die er als Lehrer gegenüber diesen pubertierenden Schülern eingenommen hatte, besonders deutlich hervor. Durch sein abwehrendes Verhalten hatte er sie geradezu ermuntert, die Rollen auszutauschen und ihn zum Lernenden in Sachen Sexualität zu machen. Es hatte offenbar damit begonnen, seine Väterlichkeit zu überprüfen. Sie hatten wissen wollen, ob er mit einer Frau zusammenlebe. Seine ausweichenden Antworten, seine Unsicherheit und Verlegenheit dabei, hatten Zweifel an seiner Väterlichkeit bei ihnen genährt, und sie hatten begonnen, ihn mit Sexualität zu provozieren. Als sie also festgestellt hatten, daß er als Vater für sie nicht verfügbar ist, hatten sie alles mögliche versucht, ihn mit ihren Triebinteressen zu verwickeln, schließlich sogar, ihn zum abendlichen Anschauungsunterricht zu verführen. Er hatte sich auf ihre derartigen Verführungen nur indirekt und unbewußt eingelassen.
Dieses unwissende und gehemmte Einlassen kann man als Kompromiß zwischen seinem Wunsch, an den Triebinteressen der Schüler teilzunehmen, und seiner Angst, dabei erwischt und dafür bestraft zu werden, verstehen. Erinnern wir uns: Er hatte durch Geschehenlassen und indirekte Unterstützung den Schü-

lern den Theaterbesuch ermöglicht und dann, als ihm die Vorkommnisse während der Vorstellung bekanntgeworden waren, verängstigt wie ein Junge, der Angst vor seinen Eltern hat, den Sohn der gewählten Elternvertreterin gefragt, ob sich bereits Eltern bei seiner Mutter beschwert hätten. Ihm war nicht die Idee gekommen, diese Frau selbst anzurufen, um sich mit ihr zu besprechen.
Sein Beziehungsverhältnis zu den Schülern seiner Klasse ähnelte demjenigen, das er einst als Heranwachsender zu seinen damaligen Kameraden hatte. Zu der Zeit hatte er sich aus Angst vor seinen Eltern auch nicht getraut, an den Erforschungen der Sexualität seitens seiner Kameraden teilzunehmen.
Die Supervisionsgruppe spürte etwas von diesen triebhaften Einmischungen alter unerfüllter Bedürfnisse in die berufliche Gegenwart des Lehrers A, von dessen unbewußten Identifizierungen mit seinen Schülern, jedoch auch von seiner Angst, die ihn daran hinderte, dem alten Wunsch ungeteilt nachzugeben. Gruppenmitglieder brachten ihn erneut in peinliche Verlegenheit, als er ihnen noch einmal erklären sollte, weshalb ihm die hintergründigen Interessen seiner Schüler anscheinend überhaupt nicht aufgefallen seien. Dieser sonst eher korrekte, gewissenhafte und leistungsorientierte Deutschlehrer versagte hier völlig, stammelte herum und rettete sich endlich mit rationalisierenden Erklärungen – und, indem er seine Kollegen und die Eltern seiner Schüler abwertete. Er meinte, daß er überhaupt nichts dagegen habe, wenn diese Schüler ein modernes Theaterstück (das er nicht einmal dem Namen nach kannte!) besuchten. An dieser konservativen Schule und mit dieser konservativen Elternschaft sei es einfach unmöglich, einen modernen Deutschunterricht zu machen. Wenn es nach ihm gehen würde, dann würde er mit diesen Schülern auch ganz andere Literatur als die vorgeschriebene oder vom Schulleiter favorisierte klassische lesen. Da fragte ihn einer, an was er denn da dächte. Seine Antwort: »Zum Beispiel an ›Rotbücher‹.«[4] Daraufhin der Supervisor: »Das sind offenbar solche Bücher, mit denen du dich früher von deinem Vater nicht erwischen lassen durftest.« A erwiderte, das sei wahr;

sein Vater hätte ihm ein derartiges Buch um die Ohren gehauen ... Hier mischte sich ein männliches Gruppenmitglied in das Gespräch ein und erklärte mit ironisch-ärgerlichem Tonfall: »Und jetzt läßt du zu, daß dir dein Schulleiter diese Bücher um die Ohren schlägt.«

An dieser Stelle fiel ihm wieder ein, wie er vor gar nicht langer Zeit wegen eines »Rotbuch«-Textes, den er mit einer anderen besprochen habe, zum Schulleiter gerufen worden war. Aufgebrachte Eltern, die sich durch diesen Text, der auch einige Vulgärausdrücke aus der Sexualsprache enthalte, provoziert gefühlt hätten, waren beim Schulleiter Beschwerde führend vorstellig geworden. Er habe sich rechtfertigen müssen, und der Schulleiter habe ihm zu verstehen gegeben, daß er von diesem Text auch nichts halte, aber trotzdem nicht gewillt sei, gegenüber diesen Eltern einfach nachzugeben. Deshalb habe er diesen Text weiter benutzen können.

Nicht allein seine regressiven Wünsche, die ihn verleiten möchten, sich klammheimlich auf die altersgemäße Erlebnisstufe seiner Schüler zu begeben, um an deren Aktivitäten wenigstens passiv teilzunehmen, traten in dieser Gruppensequenz zu Tage. Er offenbarte der Gruppe auch seine feindseligen Gefühle und zur Revolte drängenden Absichten gegenüber allen elterlichen Autoritäten: seinem Schulleiter und den Eltern seiner Schüler. Es hat den Anschein, als würde er diese Revolten nicht nur ungeschickt anzetteln, sondern zugleich dafür sorgen, daß er erwischt und bestraft wird. Dieses passiert ihm nicht ausschließlich deswegen, weil er mit Schülern »verbotene« Literatur liest oder in »verbotene« Theaterstücke gehen will. Die Dinge wenden sich hauptsächlich gegen ihn, weil er sie so arrangiert, daß sich jene elterlichen Autoritäten von ihm hintergangen und provoziert fühlen.

Dieses Verhalten ist, wie er es selbst in der Gruppe dargelegt hat, lebensgeschichtlich bedingt und als eine Wiederholung eines alten, ungelösten Konflikts mit seinem eigenen Vater zu verstehen. Diesen Vater-Sohn-Konflikt, der unabgeschlossen blieb, weil der Vater immer dafür sorgte, daß der Sohn bei Auseinandersetzungen zwischen beiden als der Unterlegene, Schuldige und Bestrafte zurückblieb, überträgt der Sohn nun klischeehaft und fremdartig in seine beruflichen Interaktionen mit Schülern, Eltern und Vorgesetztem, indem er über den Weg rückwärts gerichteter Identifizierungen unerledigte Wünsche aus seiner damaligen Vergangenheit zu befriedigen sucht und gleichzeitig Konflikte inszeniert, in denen seine feindselige und nach Revolte trachtende Haltung gegenüber seinem Vater zum Ausdruck kommt (vgl. *Lorenzer* 1973, S. 106ff.).

Blenden wir uns wiederum in den laufenden Supervisionsprozeß ein: Ein weibliches Gruppenmitglied wollte von ihm wissen, weshalb ausgerechnet jene Mutter, die später vorzeitig mit ihrem Sohn empört das Theater verlassen und sich dann beklagend an den Schulleiter gewandt hatte, als Begleiterin der Klasse angefragt worden wäre. A erwiderte, er habe vor den Schülern gefragt, wessen Mutter als Begleiterin mitgehen könne. Da habe sich der Sohn dieser Frau gemeldet und gesagt, seine Mutter wolle gerne mitgehen. Durch weiteres Nachfragen stellte sich schließlich heraus, daß damals schon zwischen A und dieser Mutter ein äußerst gespanntes Verhältnis bestanden hatte. Der Anlaß dazu war ein schwieriges Gespräch anläßlich eines Elternsprechtags gewesen. Dabei wäre ihm von ihr vorgeworfen worden, daß er ihren Sohn bei der Notenvergabe ungebührend streng beurteilt hätte. Sie hätte von ihm verlangt, die Deutschnote aufzubessern. A hatte sich, wie er der Gruppe berichtete, bei diesem Gespräch unter Druck gesetzt gefühlt, aber keine Veranlassung gesehen, der Frau nachzugeben. Sie wäre sichtlich verärgert aus der Sprechstunde gegangen. Im übrigen finde er sie unsympathisch.

Einige Gruppenmitglieder wunderten sich hiernach darüber, wie leichtfertig er sich anderen ausliefere: dieser Mutter, den Schülern, dem Kollegen und dem Schulleiter. In ähnlicher Weise kam in der Gruppe diese Art seiner Wehrlosigkeit zum Tragen. Er verstand nicht recht, was jene Gruppenmitglieder meinten, fand also keinen wirklichen Zugang zu den Bedeutungen seiner Verhaltensweisen. Er redete von Zufällen, unvorhersehbaren Ver-

kettungen und Fehleinschätzungen. Es schien ihm ziemlich fremd zu sein, daß er selbst durch aktives sinnvolles Handeln gestalterischen Einfluß auf den Lauf der Dinge nehmen könnte.
So aber hatte er sich selbstschädigend in den einzelnen Ereignisfolgen seiner Geschichte verhalten: Arglos entband er sich von seinen Rollenverpflichtungen, durchschaute das »schändliche Spiel« seiner Schüler nicht. Als die ihren Komplott gegen ihn erfolgreich gespielt hatten, steckte er den Kopf in den Sand, anstatt sich gegen die jetzt zu erwartenden Angriffe von seiten der Eltern und des Schulleiters zu wappnen. Praktisch überließ er sich jenen, ihn zu demontieren.
Er stellte sich in einer seine Existenz bedrohenden Situation tot. Vielleicht tat er dies deshalb, weil er als Kind und Jugendlicher die schlimme Erfahrung hatte machen müssen, daß man dem elterlichen Strafgericht letztlich doch nicht entgehen kann – und die einzige Möglichkeit, seinen Kopf dabei aus der Schlinge zu ziehen, darin besteht, sich selbst als Opfer von Zufälligkeiten und Mißverständnissen hinzustellen.
Gar nicht verwunderlich, daß sich A nun in seiner Ratlosigkeit fragend an die Gruppe wandte, um Tips zu kriegen, wie er sich ohne größere Blessuren aus der Affäre ziehen könnte. In diesem Zusammenhang benutzte er die Supervisionsgruppe als solidarische Geschwistergruppe gegen die Eltern. Seine Frage lautet schlicht: »Was soll ich tun, um mich gegen noch zu erwartende Angriffe des Schulleiters und der Eltern zu wehren?« Er hatte sich bereits selbst Strategien seiner Verteidigung überlegt, die allesamt von der Annahme ausgingen, daß der Schulleiter seine völlige »Vernichtung« plant. Und sie liefen darauf hinaus, Schutz und Unterstützung entweder bei guten mütterlichen oder mächtigen väterlichen Instanzen zu finden: beim Personalrat, bei der Gewerkschaft, mit Hilfe eines Rechtsanwalts und natürlich bei der Supervisionsgruppe. Er hatte sich mit aufgeregten Freunden beraten und zwar zunehmend in einen panikartigen Zustand geraten. Er konnte sich überhaupt nicht vorstellen, daß der Konflikt womöglich dadurch aus der Welt zu schaffen wäre, wenn er sich dem Schulleiter stellen, ihm die Ereignisse offen

darlegen und dabei auf dessen väterliche Einsicht und Milde hoffen würde.
Als ihm in der Gruppensitzung von einem männlichen Teilnehmer ein derartiger Vorschlag unterbreitet wurde, geriet er in Erregung und es platzte aus ihm heraus: »Nein, unmöglich! Das wäre garantiert mein Untergang. Der würde das niemals verstehen.«
Die Gruppe blieb in dieser Frage beharrlich und forderte von ihm, sich zu stellen. Sie ermunterte ihn aber auch, auf seine eigenen aktiven Kräfte zu vertrauen und dabei zugleich auf die Einsicht und Nachgiebigkeit eines erfahrenen Schulmannes, dem solche harmlosen Schülerstreiche nicht unbekannt sein dürften, zu hoffen. Also ließ sie sich nicht dazu verführen, als solidarische Geschwistergruppe mit ihm den Aufstand gegen den »Vater-Schulleiter« zu proben, bei dem er, dann auf sich allein gestellt, sang- und klanglos untergegangen wäre.
Er hingegen rutschte in dieser Gruppensituation in panikartige Angst, die er wohl auch erlebt hatte, als er kürzlich vor dem Schulleiter stand, und die wohl immer über ihn gekommen war, wenn er als »Angeklagter« vor seinen Vater treten mußte.
Die weitere Vorgehensweise in der Gruppe mußte folglich darauf hinauslaufen, ihm die Möglichkeit zu geben, die beiden Szenen »Vater-Sohn« und »Schulleiter-Lehrer«, die er als deckungsgleich erlebte und interpretierte, voneinander getrennt zu sehen und im Hinblick auf die letzte herauszufinden, inwieweit seine Angst, von dem Schulleiter vernichtet zu werden, real ist, oder ob er diese als eine unbewußte Wiederholung erlebt und dabei das durchmacht, was er einst als kleiner Junge oder Jugendlicher, der wahnsinnige Angst vor seinem Vater hatte, durchstehen mußte.
Der Supervisor befragte ihn deshalb nach seinen bisherigen Erfahrungen mit dem Schulleiter. Er entgegnete: »Eigentlich ganz gute«, und ergänzte, daß er manchmal sogar gedacht habe, bei ihm einen Stein im Brett zu haben. Aber jetzt sei das bestimmt nicht mehr so. Da warf ein Gruppenmitglied ein, daß sich der Schulleiter doch bei dem Konflikt um die »Rotbuch-Lektüre« gegenüber den Eltern auf seine Seite gestellt habe. Daraufhin A:

»Na schon, aber er hatte auch gesagt, daß er selbst diesen Lesestoff nicht einschätzen würde. »Muß er ja auch nicht«, stellte ein anderes Gruppenmitglied fest.
Dieser kurze Dialog zwischen A und zwei Gruppenmitgliedern offenbarte nicht nur zum wiederholten Male A's große Abhängigkeit von seinem Schulleiter, sondern endete zunächst bei der Feststellung eines Gruppenmitglieds, daß man als erwachsener Lehrer nicht sogleich in die Krise geraten muß, wenn der Schulleiter mit einem nicht übereinstimmt. Anders ausgedrückt: Hier wurde A die Autonomie eines Erwachsenen gegenüber einem Vorgesetzten demonstriert, die es ihm erlauben würde, im Konfliktfall standzuhalten, die eigene Identität zu wahren und für die eigene Sache mit Nachdruck einzutreten.
Man wäre sicherlich auf einem Auge blind, wenn man dabei bliebe, A nur als Opfer zu sehen, das sich gegenüber seinen »Unterdrückern« willenlos verhält. Wer so wie er von seinem Vater kleingemacht worden ist, der entwickelt auch Haß und Feindseligkeit gegen alle vermeintlichen Unterdrücker – und sinnt nach Rache.
In der Supervisionssitzung wurde diese Einschätzung verfolgt. Der Supervisor wandte sich mit dieser Überlegung an A und fragte, wie er die Persönlichkeit des Schulleiters sehe. In seiner Antwort brachte er zum Ausdruck, daß er ihn für stock-konservativ, unbeweglich und autoritär halte, der das gesamte Kollegium beherrsche und jede Kritik sogleich im Keim ersticke. Da wollte von ihm ein Gruppenmitglied wissen, ob er den Schulleiter schon einmal kritisiert habe. »Nein, das nicht«, aber unter Kollegen hinter dessen Rücken, da werde geschimpft und sich aufgeregt.
Er fand es dann schlimm, daß das Kollegium fast nur aus Duckmäusern bestünde. Da gebe es eine ganz schlimme Geschichte. Der Schulleiter habe sich auch als Schulbuchautor hervorgetan und dafür gesorgt, daß seine Bücher in den entsprechenden Klassen benutzt werden müßten, obwohl es dafür – wie auch Kollegen zugegeben hätten – bedeutend bessere Bücher gebe. Er habe auch schon ein paarmal mit diesen Kollegen

gesprochen und sie zu überzeugen versucht, daß es notwendig sei, in der Gesamtkonferenz den Antrag zu stellen, zu jenen Büchern des Schulleiters jeweils ein weiteres von einem anderen Autor zuzulassen und anzuschaffen. Der Supervisor deutete jetzt: »Da mußt du wohl fürchten, daß er dahinter kommt, daß du seine Bücher beseitigen möchtest. Einmal hat dich ein Kollege schon verraten.«

Nunmehr kamen seine ödipalen Rachewünsche gegen den »Vater-Schulleiter« zum Vorschein. Er versucht, eine solidarische Brüdergruppe zu organisieren, die mit ihm die Revolte gegen den Schulleiter inszeniert. Dabei geht es ihm symbolisch um dessen Vernichtung als herrschender Vater – schlichtweg um die Beseitigung derjenigen Produkte dieses Mannes, denen seine narzißtische Liebe gilt und worauf er zumindest zum Teil seine fachliche Autorität begründet hat. Es wäre auch ein Angriff gegen dessen phallische Macht (vgl. *Freud,* 1912–1913).

Kein Wunder, daß er Schuld und Angst erlebte, als herausgekommen war, daß er gegen das Gebot des Schulleiters gehandelt hatte, als er seine Schüler ins Theater gehen ließ, selbst zu Hause blieb und daraufhin noch am nächsten Tag den Wandertag schwänzte. Die Furcht, daß seine bösen Wünsche ans Tageslicht kommen könnten, verbanden sich hier mit der Angst vor der Bestrafung wegen seiner kleineren Vergehen.

In dem fortlaufenden Supervisionsprozeß beklagte er sich dann über den Verrat des Kollegen. Er sei tief enttäuscht gewesen, daß der ihn vor dem Schulleiter auch noch reingelegt habe. Der Supervisor meinte dazu, Revoltengespräche unter Kollegen seien offenbar nur dann möglich, wenn der Schulleiter außerhalb der Sichtweite sei. Sobald einer von ihnen vor ihm stehe, werde sich unterworfen, wie das der Kollege ihm ja auch ans Herz gelegt habe. Er erwiderte, er wolle auf jeden Fall vermeiden, ein Geständnis abzulegen, weil er befürchte, dann ein für alle mal ausgespielt zu haben.

Diese Antwort enthält einen doppelten Sinn. Ausgespielt hätte er, wenn der Schulleiter ihn tatsächlich vernichten, aber auch, wenn er sich ihm unterwerfen, also dessen Position als Vorgesetzter anerkennen und seine eigene als Untergebener annehmen würde.

Die Gruppe entging auch hier der Versuchung, sich mit ihm als solidarische Brüdergemeinschaft gegen den Schulleiter zu solidarisieren. Statt dessen nahm sie Hilfs-Ich-Funktionen an und beleuchtete, natürlich aus ihrer eigenen subjektiven Perspektive, seine Realität. Dabei bildete sie seine berufliche Situation als beamteter Lehrer und noch einmal die konfliktauslösenden Vorfälle ab. Aus alledem zog sie den Schluß, daß seine Angst vor Vernichtung ziemlich unbegründet ist. Aufgebrachte Eltern und einen mißgestimmten Schulleiter müsse jeder Lehrer einmal in Kauf nehmen können. Als erwachsener Lehrer bliebe ihm keine andere Wahl, das auszulöffeln, was er sich eingebrockt habe.

Hier erleben wir die Supervisionsgruppe als fordernde, Realität vertretende Gruppe, die gegenüber A väterliche Aufgaben wahrnimmt. Sie handelte hierbei zugleich pädagogisch, weil einzelne Gruppenmitglieder sich ihm mit ihren eigenen Ideal-Ich-Ansprüchen, die sie als Lehrer sonst an sich selbst richten, aufdrängten und ihn indirekt dazu aufforderten, so zu handeln, wie sie vorgaben, daß sie an seiner Stelle handeln würden.

Gegen Ende der Sitzung kam A noch einmal auf sein Verhältnis mit den Eltern seiner Schüler, von denen in seinen Erzählungen ausschließlich die Mütter in Aktion traten, zu sprechen. Er fühle, daß sie ihn beargwöhnten. Besonders der Elternvertreterin traue er nicht über den Weg: Sie sei nach außen hin freundlich – und sitze dann plötzlich beim Schulleiter und beklage sich über ihn.

Jetzt meldeten sich die Frauen der Gruppe zu Wort. Sie konnten sich wahrscheinlich am ehesten in die Situation jener Mütter einfühlen und gaben ihm zu verstehen, daß Mißtrauen ihm gegenüber auch angebracht sei. Was er bisher über diese Frauen gesagt habe, klinge abweisend und abwertend. Er bestätigte, daß er eigentlich mit diesen »bürgerlich-arroganten, besserwisserischen Frauen« nichts zu tun haben wolle. Daraufhin äußerte eine Frau, die selbst einen Sohn im Schulalter hat: »Weißt du, wenn du der Klassenlehrer meines Sohns wärst, ich wäre auch ganz schön sauer auf dich.« Der Supervisor meinte, falls er früher die Erfahrung gemacht haben sollte, daß der Mutter nicht zu vertrauen sei, weil sie alles dem Vater verrate, dann wäre es eigentlich kein Wunder, daß er heutzutage auch den Müttern seiner Schüler aus dem Weg gehe.

Die Supervisionssitzung endete schließlich mit verknüpfenden Überlegungen, die sich sowohl aus dem Verhalten jener Mütter wie auch aus dem der Frauen in der Gruppensituation ergaben. Solange ihn diese Mütter als geheimen Verführer ihrer Söhne und Töchter wahrnehmen würden, der ihnen ängstlich-mißtrauisch aus dem Weg geht, so lange würden sie ihrerseits nicht aufhören können, ihm mit Mißtrauen zu begegnen und ihn beim Schulleiter bloßzustellen.

Die zusammengedrängte Wiedergabe eines Supervisionsgespräches in einer Lehrergruppe über einen beruflichen Konflikt eines Gruppenmitglieds soll einerseits einen Blick in die Arbeitsweise solcher Gruppen gestatten, und andererseits veranschaulichen, wie sich ungelöste Triebkonflikte, die zugleich als Beziehungskonflikte zu betrachten sind, in dem gesamten Spektrum schulischer Interaktionsstrukturen einnisten können, um sich dort zu reinszenieren. In diesem unbewußten Wiederholungsspiel werden von neuen Mitspielern die alten Rollentexte gesprochen, ohne daß die Spieler wirklich begreifen, an welchem Spiel sie beteiligt sind.

Natürlich war es nicht allein der Lehrer A, der die anderen in sein Wiederholungsspiel hineingezogen hatte: jeder der Beteiligten wird mit einem Teil seiner eigenen Verhaltensproblematik, die sich in seinem ganz persönlichen lebensgeschichtlichen Entwicklungsprozeß entwickelt hat, mitgemacht haben. Wir konnten diese Beteiligungen hinsichtlich ihrer Entstehungsgeschichten nicht erforschen und haben unsere Aufmerksamkeit ganz auf A gerichtet, der, auch bedingt durch das Supervisionsverfahren, als Protagonist in diesem Spiel gesehen worden ist. In dieser Funktion agierte er allerdings auch in den von ihm geschilderten beruflichen Ereignissen, wo er zum Beispiel seinen Schülern wiederholt unbewußte Angebote gemacht hatte, ihn an ihren voyeuristischen Interessen, die vierzehnjährige Jungen nun einmal haben, teilhaben zu lassen. Die weiteren Ereignisse, die darauf folgten, brachten es dann mit sich, daß er für seinen eigenen ungelösten ödipalen Konflikt mit seinen Eltern in dem schulischen Milieu, das in seinen wesentlichen Merkmalen ödipal ist, neue Konfliktpartner fand, die das alte Spiel mit ihm spielten.

In der Supervisionsgruppe wiederum bewirkte er mit seiner Geschichte und seinem Verhalten, daß die Gruppenmitglieder nicht nur reflektierend-interpretierend zu den Geschehnissen Stellung bezogen, sondern auch agierend – so als wären sie direkt Betroffene. Sie identifizierten sich mit den tatsächlich Beteiligten, verhielten sich in der Gruppe ähnlich wie jene in dem ursprünglichen Konfliktgeschehen. Das bewirkte den Effekt, daß sich Struktur, Inhalt und Rollenspieler aus den Originalereignissen auch in den gruppalen Untersuchungen abbilden und diese als reflektorische Neuinszenierung erlebt und betrachtet werden konnten.

Auf dieser Grundlage befand sich das hier wiedergegebene Supervisionsgeschehen und entfaltete seinen soziodynamischen Prozeß, der sich alternierend zwischen räumlich-zeitlich voneinander getrennten Szenen bewegte, die von den Gruppenmitgliedern durch ihre jeweiligen Identifizierungen und Übertragungen dramatisch gestaltet wurden. Bei diesen vielfältigen Handlungsverknüpfungen aus Vergangenheit und Gegenwart in der Reihenfolge lebensgeschichtliche Ereignisse – Schulkonflikt – Gruppensituation, konnte miterlebt und erkannt werden, wie der Berichtende in den von ihm geschilderten Ereignissen tatsächlich argumentiert und sich verhalten hatte, aber auch, wie die Gegenwart von der Vergangenheit lebt– und an diesem Supervisionsfall ganz speziell, wie sich ungelöste Konflikte aus der Ursprungsfamilie störend und Verwirrung stiftend in dem beruflichen Handlungsbereich eines Lehrers ausgebreitet hatten.

Daraus ist zu erkennen, daß bei einem derartigen Supervisionsverfahren der Gruppenprozeß hauptsächlich von solchen Interaktionen der Gruppenmitglieder bewegt wird, die aus identifikatorischen Beteiligungen und Übertragungsaktivitäten herrühren. Beim gegenseitigen Austausch ihrer situativ gemachten Erfahrungen mit dem Berichtenden und seiner Geschichte, bei dem sie ihre empathischen, introspektiven und reflektorischen Fähigkeiten einsetzen, rekonstruieren sie nicht nur die Vorfälle, die ihnen erzählt worden sind, sondern gestalten in der Gruppe selbst, jedoch in Beziehung zu jenen Vorfällen, neue szenische Situationen; diese lassen deutlicher als in den Originalereignissen die unbewußten triebdynamischen Themen und die unbewußten Handlungsanteile, diese in Form versteckt gehaltener Triebbedürfnisse, der Übertragungen oder der Abwehr, erkennbar und damit auch besprechbar werden (vgl. *Argelander* 1979, S. 16ff.).

Erst durch diese eigentümliche Verknüpfung vorausgegangener Handlungsereignisse mit der gegenwärtig aktuellen Beziehungssituation in der Gruppe wird es möglich, Erkenntnisse über jene unbewußten Sinnzusammenhänge, die sich in vernunftsgeleitete Interaktionen eingeschlichen haben und dort lediglich als etwas Fremdartiges und Störendes erlebt werden, dem Bewußtsein zugänglich zu machen. Sie verlieren dadurch ihre eigenartige Wirkungskraft, sich unbemerkt und willkürlich Einfluß zu verschaffen.

Die Gruppenmitglieder betätigen sich während des Supervisionsprozesses nicht nur als Aufklärungshelfer für den gerade Berichtenden. Sie sind gleichzeitig als unbewußt Mithandelnde über Identifikationen und Übertragungen (Gegenübertragungen) an der Reinszenierung der vorgetragenen Fallgeschichte beteiligt. In den hierbei angenommenen Rollen spielen sie nicht nur das vorgegebene Muster und dessen Text, sondern bringen auch ihre eigene Persönlichkeit zur Geltung. Wenn sie nun ihr eigenes Spiel durch Selbstbeobachtung begleiten – was in der Regel wohl geschieht –, dann erleben sie sich auch als Selbsterfahrende, die kennenlernen, wie sie sich in den geschilderten Ereignissen verhalten hätten: was sie erduldet, mit wem sie mitgefühlt, mit wem sie sich verbündet, vor wem sie Angst gehabt hätten oder gegen wen sie vorgegangen wären...

Der Gruppensupervisor sorgt dafür, daß das szenische Spiel »Gruppensupervison« mit einem jeweils eigentümlichen Thema so zur Aufführung kommen kann, daß Handlung und Aufklärung innerhalb des Gruppenprozesses miteinander in struktueller und inhaltlicher Verbindung bleiben. In diesem Sinne fungiert er als Prozeß- und Szenenbegleiter, der sich darauf konzentriert, die unbewußte Thematik, die der jeweilige Protagonist im Zusammenspiel mit den übrigen Gruppenmitgliedern als ein bestimmtes Thema organisiert und variiert, zu erfassen und dieses in angemessener umgangssprachlicher Formulierung und zum passenden Zeitpunkt der Gruppe zugänglich zu machen.

Der Gruppenleiter handelt nach diesem Supervisionsverfahren jedoch nicht als ein von der Gruppe getrennter Beobachter und Interpret, der von den Vorgängen in der Gruppe unberührt bleibt. Vielmehr ist er während des gesamten Prozesses ständig psychischen Belastungs- und Versuchungssituationen ausgesetzt, die ihn dazu verleiten können, die subjektive Realität der Gruppenmitglieder oder die augenblickliche Prozeßsituation der Gruppe aus den Augen zu verlieren, um mit eigenen Wünschen oder Interessen in die Situation einzugreifen. Derartige Vorgänge bezeichnet die Psychoanalyse als Gegenübertragungen. Sie verzerren dem Gruppenleiter das Bild für die tatsächlichen Verhältnisse in der Gruppe; er vermischt dabei Selbst- und Fremdwahrnehmung, eigene Interessen und fremde Interessen. Solche Verwicklungen sind allerdings nicht immer zu vermeiden, weil der Supervisor nicht stumme, unbelebte Materie beobachtet, sondern menschliches Verhalten, in dem sich immer Anteile finden, die in ihm selbst Angst auslösen, ihn aufregen, ihn gefühllos machen, ihn zur Aktivität antreiben oder ihn veranlassen könnten, sich ängstlich-zwanghaft hinter einer professionellen Attitüde zu verstecken. Aber in der Praxis geht es nicht um Trennung, sondern um die gemeinsame Analyse der Interaktionen. Insofern ist er in die jeweilige Gruppeninstitution verstrickt wie alle anderen, jedoch mit dem Unterschied, daß er in der Regel die Verwicklungen durchschauen und entknäueln kann (vgl. *Devereux* 1976, S. 109ff.).

Zum Abschluß noch ein paar kurze Bemerkungen zu einer besonderen Eigentümlichkeit von Lehrergruppen. Lehrer präsentieren bei ihren Interaktionen mit Schülern in besonderer Weise das Ich-Ideal, weil sie ihren Schülern Vorbild sein sollen und zugleich an diese Forderungen und Ansprüche stellen. Dieser berufliche Beziehungszusammenhang bewirkt häufig bei Lehrern, daß sie zu Selbstidealisierungen neigen, die sich von ihrer wirklichen Realität entfernt haben, und sich untereinander an solchen Idealisierungen messen. In Lehrergruppen ist deshalb immer wieder zu beobachten, wie sich Lehrer mit ihren jeweiligen Ideal-Ich-Forderungen gegenseitig unter Druck setzen. In derartigen Situationen läuft die Gruppe Gefahr, daß sie von den Ideal-Ich-Ansprüchen beherrscht wird, und die stets vorhandene Kluft zwischen Ideal und Realität verdeckt bleibt. Wenn dieses in der Gruppe zugelassen würde, könnte die immer notwendige Auseinandersetzung zwischen dem Ideal und dem von ihm bedrohten Selbstwertgefühl nicht mehr stattfinden.

Anmerkungen

1 Die Folge: »Aber schon der nächste Tag brachte eine arge Enttäuschung. Törleß hatte sich nämlich gleich am Morgen die Reclamausgabe jenes Bandes gekauft, den er bei seinem Professor gesehen hatte, und benutzte die erste Pause, um mit dem Lesen zu beginnen. Aber vor lauter Klammern und Fußnoten verstand er kein Wort, und wenn er gewissenhaft mit den Augen den Sätzen folgte, war ihm als drehe eine alte, knöchernde Hand ihm das Gehirn in Schraubwindungen aus dem Kopfe« (S. 84).

2 Vgl. auch den Roman »Der Schüler Gerber« von Friedrich Torberg.

3 Dieser Druck ging zweifellos von den Frauen aus und richtete sich gegen die Männer, die seltener, vorsichtiger und zurückhaltender als jene die Gruppe für sich selbst beanspruchten.

4 Taschenbuch-Reihe aus dem Rotbuch-Verlag Berlin, der vor allem linke, sozialkritische Autoren zu Wort kommen läßt.

Supervision als Institutionsanalyse

Franz Wellendorf

Institutionen sind komplexe soziale Gebilde. Wenn ein Supervisor sich entschließt, in einer Institution zu arbeiten, sieht er sich bald einer verwirrenden Vielfalt von Erwartungen, Ängsten, Phantasien und Rollenangeboten ausgesetzt. Sie macht es ihm schwer, seinen Ort im institutionellen Gefüge zu bestimmen. Seine Arbeit droht in die Dynamik des institutionellen Lebens hineingezogen zu werden und Richtung und Kontur zu verlieren. Jede Institution übt eine Art Sog aus: sie versucht, den Supervisor in die eigene Struktur einzupassen, um ihn als störenden Fremdkörper zu eliminieren und unschädlich zu machen. So kann es dazu kommen, daß der Supervisor, während er mit einer Gruppe Klienten intensiv und qualifiziert arbeitet, zugleich Spielball institutioneller Macht- und Interessenpolitik wird, ohne es zu merken. Denn in Institutionen ist Supervision niemals nur »eine Hilfe für Helfer«, sondern selbst immer auch ein Element der institutionellen Prozesse. Der Supervisor muß den institutionellen Kontext seiner Arbeit in seine Überlegungen einbeziehen, wenn er qualifizierte Arbeit machen und seinen Klienten wirklich helfen will. In Institutionen ist Supervision zugleich institutionelle Analyse. Was aber heißt das?

Sehen wir uns ein Beispiel an: Vor einiger Zeit wurde ich gebeten, in einem psychotherapeutischen Heim, das psychisch gestörte Kinder im Alter von 10 bis 14 Jahren betreut, die Supervision zu übernehmen. Da das Heim weit von meinem Wohnsitz entfernt liegt, und ich zur Zeit der ersten Kontaktaufnahme mit anderer Arbeit sehr belastet war und das Heim nicht sogleich aufsuchen konnte, traf ich die ersten Verabredungen mit dem Heimleiter telefonisch. Den ersten Telefonaten folgte ein kurzer Briefwechsel. Ich bat um genauere Information darüber, um welche Probleme es in dem Heim gehe, und was die Heimleitung und die Mitarbeiter von meiner Supervision erwarteten. Ich erfuhr folgendes: Es gab im Heim eine Reihe miteinander verzahnter, ziemlich unklarer Probleme, die die Arbeitsatmosphäre vergifteten, die Effektivität der Arbeit herabsetzten und die Mitarbeiter sich gelegentlich mehr mit sich selbst als mit den Klienten beschäftigen ließen. Zu diesen Problemen gehörten: Konflikte um die hierarchische Struktur des Heimes, an deren Stelle die Mitarbeiter mehr demokratische Transparenz und Beteiligung wünschten, was andererseits den Leiter, wie aus seinen Briefen andeutungsweise hervorging, ängstigte. Darüber hinaus schien es Rivalitäten und Eifersüchteleien zwischen dem pädagogischen Personal einerseits und dem psychotherapeutischen andererseits zu geben. Die pädagogischen Mitarbeiter verlangten, wie aus einem ausführlichen Brief hervorging, eine stärkere Beteiligung an der psychotherapeutischen Arbeit, während sie, wie der Heimleiter andeutete, ihre pädagogische Arbeit zu vernachlässigen drohten. Ein weiteres Problem schien sich dadurch zu ergeben, daß sich in unmittelbarer Nachbarschaft ein zweites Heim befand, in dem mit alkoholsüchtigen Jugendlichen verhaltenstherapeutisch gearbeitet wurde. Dies war eine Quelle der Beunruhigung. Beide Heime wurden von demselben Träger finanziert. Einige Mitarbeiter arbeiteten in beiden Einrichtungen und die verhaltenstherapeutische Methode übte auf mehrere Mitarbeiter unseres Heimes eine große Anziehungskraft aus. Dadurch entstand, wie der Heimleiter mir versicherte, eine Beunruhigung über Sinn und Unsinn psychoanalytisch orientierter Psychotherapie, die im pädagogisch-therapeutischen Konzept des Heimes vorgesehen war. Soviel ging aus den ersten Informationen hervor, die ich erhielt.

Aber auch über die Vorstellungen, die der Heimleiter und seine Mitarbeiter von Zielsetzung und Ablauf der Supervision hegten, erhielt ich einige Hinweise: Sie, Heimleitung wie Mitarbeiter, fänden es wichtig, daß alle (oder doch möglichst viele) Mitarbeiter des Heimes an der Supervision teilnähmen, insgesamt etwa dreißig Personen. Um dies zu ermöglichen, habe man eine Reihe von Sitzungen innerhalb eines geschlossenen Zeitblocks, jeweils von Freitag nachmittag bis Samstag mittag, vorgesehen. Obwohl ich mich bei diesem Arrangement nicht ganz wohl fühlte, erklärte ich mich mit dem Vorschlag einverstanden, weil er meinen zeitlichen Möglichkeiten entgegenkam. In einem letzten Brief, den ich vor der ersten Sitzung der Supervision dem Heimleiter schickte, hob ich zwei Punkte hervor: 1. Da das Feld der Probleme sehr weitläufig und im einzelnen noch nicht klar sei, könne das Ziel der Arbeit beim ersten Treffen nur darin bestehen, die Probleme des Heimes klarer herauszuarbeiten, ihre Dringlichkeit zu klären und weitere Schritte für die gemeinsame Arbeit festzustellen. 2. Vor Beginn der Arbeit mit der gesamten Mitarbeitergruppe wollte ich mich in einem Gespräch mit dem Heimleiter und seinen Stellvertretern noch einmal über Ziel und Vorgehensweise im ersten Sitzungsblock der Supervision verständigen. In dem kurzen Antwortschreiben, das ich daraufhin bekam, hieß es u. a.: »Nach Rücksprache mit meiner Arbeitsgruppe hielten es die Kollegen nicht für sinnvoll, daß Sie und ich (d. h. der Heimleiter einschließlich seines Vertreters) ein Gespräch vorab haben. Es wäre gut, wenn wir uns zu diesem Zeitpunkt alle zusammen an dem vereinbarten Ort einfinden könnten.« Meine Bitte um ein Vorgespräch mit der Heimleitung war also abgeschlagen worden.

Am ersten Tag der Supervision sah ich mich einer neugierigen und interessierten Gruppe von ca. 25 Mitarbeitern gegenüber. Nachdem ich meine Vorstellungen vom Ziel des Treffens erläutert und einige Verfahrensvorschläge zum Fortgang der Arbeit gemacht hatte, begannen alle, mit großem Engagement, in kleinen ad hoc gebildeten Gruppen, sich über die Probleme ihrer Institutionen zu verständigen, ihre Diskussionsergebnisse auf große Bögen zu schreiben und anschließend im Plenum zu erläutern. Dadurch wurde eine Reihe institutioneller Probleme Schritt für Schritt klarer faßbar: Die Heimleitung war gespalten: der Heimleiter und seine Stellvertreter stellten eine negative, uneingestandene Koalition in Gestalt prinzipieller Uneinigkeit zur Schau. Als Ergebnis eines ziemlich undurchsichtigen internen Machtkampfes zwischen mehreren Mitarbeitergruppen und der Heimleitung war eine »Kommission« aus Vertretern der verschiedenen Teams und Berufsgruppen eingesetzt worden. Funktion und Zielsetzung dieser »Kommission« aber blieben unklar, und so wurde sie von vielen als »Alibi« für ungeklärte Machtkonflikte verstanden, aber dennoch nicht abgeschafft. Alle hatten das Gefühl, zu wenig Informationen über das, was im Heim ablief, zu haben, aber keiner konnte klar sagen, was er von wem wissen wollte. Allgemein schienen die Mitarbeiter unter dem Chaos, als das sie das Heim immer wieder erlebten, zu leiden; zugleich vertraute mir in einer Pause ein Therapeut nebenbei und mit verschmitztem Gesichtsausdruck an, es mache Spaß, einmal ein richtiges Chaos herzustellen und mir als Supervisor die Aufgabe zuzuschreiben, Ordnung zu schaffen. Unter den Mitarbeitern herrschte eine heimliche und verquere Gereiztheit und Aggressivität, Gefühle, die jedoch kaum artikuliert und auf konkrete Anlässe bezogen werden konnten, sondern sich in Andeutungen auf irgendwann und irgendwo abgelaufene Konflikte, in Sticheleien und Informationsverweigerung, in wilden psychoanalytischen Deutungen der persönlichen Probleme des anderen niederschlugen. Immer wieder wurde auf Zwänge, Regeln, Anordnungen verwiesen, die der Träger oder andere Außeninstanzen und, als deren gehorsamer Diener, der Heimleiter setzten und ausübten.

Durch die Arbeit an den vorgebrachten Problemen wurde nun ein Teil der Vorgeschichte erkennbar, die die Bitte um Supervision, die an mich herangetragen worden war, hatte. Dadurch konnte ich auch besser verstehen, warum meine Bitte um ein Vorgespräch mit dem Heimleiter und seinem Stellvertreter abgeschlagen worden war. Die Heimgeschichte erwies sich zugleich als eine Supervisionsgeschichte. Es hatte bereits zwei Versuche mit einer Heimsupervision gegeben; beide waren abgebrochen worden. Die eine Supervision hatte zunächst den Mitarbeitern gefallen. Deshalb hatten es die meisten begrüßt, als der Supervisor sich schließlich auf die frei gewordene Stelle des stellvertretenden Heimleiters bewarb und sie auch bekam. Kaum jedoch hatte er die Stelle inne, kam es zu heftigen Konflikten mit dem Heimleiter, da der ehemalige Supervisor seine alte neutrale Rolle weiterspielen und keine Entscheidungen fällen oder mitverantworten wollte. Nach einiger Zeit verließ er das Heim, um selbst Heimleiter zu werden. Auch der zweite Supervisor, der Gruppensupervisionen durchführte, wurde zunächst wohlwollend aufgenommen – bis die Mitarbeiter dahinter kamen, daß er mit dem Träger des Heimes ohne ihr Wissen einen Vertrag als persönlicher Berater des Leiters abgeschlossen hatte und überdies dessen Freund war. Von dem Augenblick an kam kaum noch ein Mitarbeiter in seine Gruppensupervision. Auf dem Hintergrund dieser Geschichte wurde nun mir (und auch den Mitarbeitern) deutlich, daß die Ablehnung meines Wunsches nach einer gesonderten Besprechung mit dem Heimleiter und seinem Stellvertreter der Angst entsprang, auf diese Weise könnte sich die alte Geschichte wiederholen und sich eine neue Koalition des Heimleiters mit dem Supervisor herausbilden, die dessen Macht gegenüber den Mitarbeitern stärken würde.

Im Verlauf des zweiten gemeinsamen Treffens, das am Ende des ersten vereinbart worden war, kamen einige weitere Erwartungen ans Licht, die im Heim mit der Supervision verbunden waren. Es machte sich die Tendenz bemerkbar, an die Stelle der Klärung von Problemen, die die Arbeit mit den Kindern und ihren Eltern sowie die fachliche Kooperation der Mitarbeiter störten, »Selbsterfahrung« im Sinne einer »Selbsterfahrungsgruppe« zu setzen. Die Mitarbeiter des Heimes redeten auf eine Weise von ihren Konflikten untereinander, als gäbe es die Kinder gar nicht. Derartige Tendenzen waren mir bereits aus anderen Institutionen gut bekannt. Ich fand sie verständlich, da immer deutlicher wurde, wie groß die persönliche Belastung aller Mitarbeiter durch die tägliche Arbeit mit den psychisch kranken Kindern war. Dennoch fühlte ich mich in meiner Haut und in meiner Rolle immer unwohler, je stärker diese Tendenz wurde; vor allem deshalb, weil ich bald das unangenehme Gefühl bekam, als Supervisor überflüssig zu sein. Was immer ich sagte, die Teilnehmer an der Sitzung schienen mich gar nicht mehr wahrzunehmen. Ich litt unter dem Gefühl, als Supervisor inkompetent zu sein und zu versagen und spürte zunehmend Wut und Ärger. Die Situation änderte sich erst, als ich schließlich dem Kreis mitteilte, wie es mir *hier* in der gegenwärtigen Situation ging (alle hatten bis dahin über Ereignisse miteinander gestritten, die an anderem Ort und zu anderer Zeit stattgefunden hatten), und die Frage anschloß, ob ähnliche Gefühle von Inkompetenz, Angst und Wut ihnen selbst in ihrer täglichen Arbeit vertraut seien. Es kam nun zu einer sehr lebhaften Beschäftigung mit inneren und äußeren Konflikten, die der Tatsache entsprangen, daß alle Mitarbeiter sich widersprüchlichen Erwartungen, Drohungen und Verführungen von seiten der Kinder und ihrer Eltern, der Heimleitung, den jeweils anderen Berufsgruppen und – nicht zuletzt – einem großen Druck ihres professionalen Ich-Ideals (zu dem auch der Anspruch gehörte, allen Erwartungen gerecht zu werden) ausgesetzt fühlten.

Darüber hinaus stellte sich auf dieser Sitzung heraus, daß der Heimleiter eine Art »Supervisoren-Kränzchen« um das Heim versammelt hatte. Es gab gleichzeitig: einen persönlichen Berater für ihn, einen hauseigenen Supervisor, der in einem abgelegenen Zimmer saß und einzelne Mitarbeiter bei Schwierigkeiten beriet; einen externen Therapeuten, der regelmäßig ins Heim kam und Balint-Gruppen für Mitarbeiter anbot; und jetzt auch noch mich als externen Supervisor für das ganze Heim. Auf diese Weise war Supervision als »Hilfe für Helfer« in eine verdeckte Machtstrategie integriert worden. Die Zersplitterung der Supervisionsprozesse hatte dazu geführt, daß die Rolle des Leiters aus den Klärungsprozessen ausgeklammert blieb. Diese Tatsache war für den Prozeß der Supervision nicht gleichgültig geblieben. Es zeigte sich, daß in der Supervisionsarbeit wiederholt Probleme als solche identifiziert und bearbeitet wurden, die der Beziehung zwischen Mitarbeitern und Klienten (Kindern wie Eltern) entsprangen, während sie tatsächlich in der Beziehung zwischen Mitarbeitern und Leiter wurzelten. Es kam vor, daß Mitarbeiter für die Kinder pädagogisch-psychotherapeutische Strategien entwickelten, ohne ihre unbewußte Absicht zu bemer-

ken, damit dem Leiter als »fortschrittlich« zu gefallen und ihm zu signalisieren, daß man »auf seiner Linie« liege. In der Supervision kam es dann schnell zu einer Art paradoxer Lähmung: Die Arbeit führte zwar zu einem Punkt, an dem die Beziehung zwischen Mitarbeiter und Kind zur Zufriedenheit aller bearbeitet wurde, aber dennoch konnte der Mitarbeiter in der konkreten pädagogisch-therapeutischen Situation sein Verhalten nicht ändern. Denn seine Hilflosigkeit entsprang nicht seiner Beziehung zum Kind, sondern der zum Heimleiter. Diesem galt die verdeckte Botschaft: Sei ruhig, die Supervision wird mich von *deiner* pädagogisch-therapeutischen Linie nicht abbringen! Derartigen Fallen kann der Supervisor nur entgehen, wenn er den institutionellen Kontext seiner Arbeit in seine Überlegungen einbezieht.
Hier breche ich die Darstellung des Beispiels ab, um im folgenden anhand des ausgebreiteten Materials einige prinzipielle Überlegungen zur Supervision in Institituten vorzulegen.

1. Vom ersten Kontakt mit der Institution an befindet sich der Supervisor in einer paradoxen Situation. Ihm werden Probleme vorgetragen, unter denen die Mitarbeiter leiden; Beziehungen vorgeführt, die das Leben in der Institution strukturieren und bestimmen; Orte des Konfliktes benannt, damit er seine Aufmerksamkeit ihnen zuwende; Diskrepanzen zwischen deklarierten Zielen und den Weisen ihrer Verwirklichung vor Augen geführt – all das mit der expliziten oder impliziten Aufforderung, hilfreich zu intervenieren. Zugleich aber macht der Supervisor immer von neuem die Erfahrung, daß er den Stellenwert dieser Phänomene in der Struktur und der Dynamik der Institution nur schwer einschätzen kann; daß sich ihr institutioneller Sinn immer wieder entzieht und nur verschlüsselt zum Ausdruck kommt. Nur wenn der Supervisionsprozeß zugleich ein Prozeß institutioneller Analyse ist, können die verdeckten Bedeutungen schrittweise ans Licht kommen. Wenn die Heimleitung meine Bitte um ein gemeinsames Vorgespräch ablehnt, so zeigt das befremdliche Verhalten seinen Sinn, wenn es im Kontext der Supervisionsge-

schichte des Heims und der mit ihr verbundenen Loyalitätskonflikte gesehen werden kann; in gleicher Weise können wir die eigenartige Ineffektivität der klientenbezogenen Supervision erst dann verstehen, wenn wir sie in dem Kontext der ambivalenten Beziehungen zwischen Mitarbeitern und Heimleitung betrachten.

Der strukturelle Sinn bestimmter Schwierigkeiten und Konflikte ist in Institutionen auch deshalb schwer zu bestimmen, weil es in jeder Institution eine Vielzahl von Verschiebungsprozessen gibt, die den Supervisor (und seine Supervisanden) in die Irre führen können. Wenn wir als Supervisoren in einer Institution arbeiten, müssen wir uns deshalb immer erneut die Frage stellen: »Ist der Konflikt, den ich innerhalb der Institution an *dieser* Stelle beobachte, vielleicht von einem anderen institutionellen Ort hierher verschoben worden – vielleicht, weil er an seinem Entstehungsort viel heikler wäre und größere Angst auslösen würde?« Eine Diagnose der Verschiebungswege institutioneller Probleme und Konflikte ist darum so wichtig, weil wir nun so an ihre Quelle herankommen und sie in der Supervision bearbeiten können. Auf eine Form der Verschiebung, die in dem Heim für psychisch gestörte Kinder verbreitet war, und die ich auch in anderen psycho-sozialen Einrichtungen beobachten konnte, möchte ich besonders hinweisen: Viele Mitarbeiter waren unsicher, wie ihre pädagogisch-therapeutische Arbeit mit den Kindern ablaufen sollte. Sie fühlten sich durch die Arbeit emotional belastet, waren hilflos und hatten kein klares Arbeitskonzept. Die Schwierigkeiten und Konflikte mit den Kindern wurden aber, wie die zweite von mir skizzierte Supervisionssitzung zeigt, in ihren Schilderungen der Beziehungen zu den Kindern nicht deutlich, sondern traten zunächst in anderer Gestalt in den Beziehungen zu den Kollegen (und zum Supervisor) an die Oberfläche. Obwohl die persönlichen und aggressiven Auseinandersetzungen unter den Mitarbeitern die Atmosphäre vergifteten und alle sehr belasteten, waren sie doch leichter zu ertragen als die Unsicherheiten und Ängste in der pädagogisch-therapeutischen Arbeit. Denn Schwierigkeiten an *dieser* Stelle gefährden das Selbstverständnis

der Mitarbeiter und die institutionellen Ideale eines »guten und fortschrittlichen« Heimes viel mehr.
So kommen wir zu dem Schluß: Die dem Supervisor in einer Institution angebotenen Konflikte und Schwierigkeiten bringen eine verdeckte institutionelle Problematik zum Ausdruck und verdecken sie zugleich.

2. Wie unser Beispiel zeigt, ist der Supervisor von Anfang an in die Prozesse, die in der Institution ablaufen und durch ihre Geschichte beeinflußt sind, einbezogen. Seine Beziehung zum Klienten wird nicht durch ihn allein bestimmt, sondern in Form und Inhalt ganz wesentlich auch durch die institutionelle Dynamik und Struktur. Obwohl der Supervisor diese Situation als verwirrend und belastend erleben kann, wenn er sich in Prozesse verwickelt fühlt, deren Bedeutung er nicht versteht und die er nicht zu kontrollieren vermag, sehen wir darin – im Hinblick auf die Supervisionsaufgabe – keinen Mangel. Der Supervisor würde nicht nur seine Beziehung zum Klienten gefährden, wenn er sich aus der Verwicklung in institutionelle Prozesse einfach herauszuhalten versuchte; es wäre nicht einmal wünschenswert. Denn er verlöre damit das wichtigste Instrument seiner Supervisionsarbeit: die Beziehung zum Klienten.
Da institutionelle Struktur und Dynamik nicht unmittelbar kognitiv und affektiv zugänglich sind, bedarf es für die Supervision in einer Institution eines Mediums, in dem sie zum Ausdruck kommen können. Dieses Medium ist die Beziehung zwischen dem Supervisor und der Institution. Wenn der Supervisor darauf verzichtet, Form und Inhalt der Beziehung von sich aus starr zu definieren und festzulegen, und es der Institution überläßt, sie zu gestalten, kommen Dynamik und Struktur in der Art zum Ausdruck, wie die Institution die Beziehung zum Supervisor gestaltet. Dann bilden sich die strukturellen und dynamischen Probleme der Institution in der Art und Weise ab, in der ihre Mitglieder als einzelne, als Funktionsträger, verbunden in formellen und informellen Gruppen die Beziehung zum Supervisor aufnehmen und entwickeln: ihr Grenzen ziehen, sie ganz oder

teilweise abwehren, ihre Aufgabe bestimmen, das Setting festsetzen, usw. Die Supervisionsbeziehung ist also, zunächst einmal unabhängig von den spezifischen Problemen, die in der Supervision bearbeitet werden, als solche eine Art Projektionsfläche für die verborgene institutionelle Dynamik und Struktur. Auch in dem Heim, das ich in dem Beispiel vorgestellt habe, ließ sich dieser Zusammenhang beobachten: in der Ablehnung meiner Bitte um eine Vorbesprechung mit der Leitung kam ein Stück Institutionsgeschichte ans Licht; in dem »Supervisions-Kränzchen« Macht- und Loyalitätskonflikte; in der Situation, in die ich als Supervisor in der zweiten Sitzung kam, etwas von dem Druck, unter dem die Mitarbeiter des Heims in ihrer Institution arbeiteten.

Wir können deshalb sagen: Mit Beginn ihrer Beziehungen sind beide, der Supervisor und sein Klient, Teil einer analytischen Situation, die durch ihre besondere Beziehung konstituiert wird und ihrer Dynamik unterworfen ist. Der Supervisor, der eine Beziehung zu einer Institution aufnimmt, ist der Katalysator institutioneller Bedeutungen. Sie kommen ans Licht, indem die Mitarbeiter der Institutionen sich an ihm als einem Fremdkörper in der Institution abarbeiten: ihn zu integrieren, auszustoßen, einzugrenzen, in bestimmte Richtungen zu lenken versuchen. Hier findet der Supervisor wertvolles Material für seine Analyse der institutionellen Schwierigkeiten und Konflikte.

Ferner können wir sagen: Institutionelle Analyse und Selbstanalyse des Supervisors sind nicht zu trennen. Denn wenn institutionelle Struktur und Dynamik in den Formen zum Ausdruck kommen, in denen die Institution sich am Supervisor abarbeitet, so setzt eine erfolgreiche Supervision voraus, daß der Supervisor seine eigene Situation in der Institution, wie sie ihm in der Situation der Supervision zugänglich wird, zu analysieren und zu verstehen vermag. Analyse und Verstehen erfordern hier nicht nur primär-kognitive Fähigkeiten, obwohl es selbstverständlich ist, daß ein Supervisor, der mit Institutionen arbeiten will, etwas von Organisationspsychologie, Systemtheorie, Gruppendynamik und anderen einschlägigen Fachwissenschaften wissen muß.

Der Supervisor ist in der Beziehung zu seinem Klienten vor allem auch emotional involviert. Als ich mich in der zweiten Sitzung, die ich mit der Heimleitung und den Mitarbeitern vereinbart hatte, in meiner Haut und in meiner Rolle immer unwohler fühlte, Ärger und Wut verspürte und unter einem zunehmenden Gefühl von Inkompetenz litt, waren diese Empfindungen nicht das Ergebnis eines kognitiven Prozesses und auch nicht ohne weiteres in kognitive Einsicht umzusetzen. Ich glaube, wir sind berechtigt zu sagen: Hier handelt es sich um emotionale Leistungen des Supervisors. Das soll deutlich machen, daß die affektiven Reaktionen des Supervisors auch dann noch, wenn sie als unangenehm und belastend empfunden werden, nicht etwas sind, was einen Mangel und ein Versagen anzeigt und möglichst schnell beseitigt werden sollte, sondern daß sie nicht anders als Beobachtungen, verbale und averbale Äußerungen der Klienten, institutionelle Praktiken und Gewohnheiten, wichtiges Material sind, aus dessen Analyse man Einsicht in die institutionellen Probleme gewinnen kann. So machte in unserem Beispiel der Supervisionsprozeß erst Fortschritte, als ich meine eigenen affektiven Reaktionen in einer Beziehung zur affektiven Situation der Mitarbeiter in Heim zu sehen vermochte. Das setzt voraus, daß der Supervisor auch seine Gefühlsreaktionen in der Supervisionssituation daraufhin zu befragen versteht, ob sie möglicherweise Ausdruck eines institutionellen Konfliktes sind, der sich auf diese Weise zum ersten Mal anzeigt. In Anknüpfung an den Sprachgebrauch der Psychoanalyse kann man hier von institutioneller Übertragung bzw. Gegenübertragung sprechen.

3. Nun genügt es freilich nicht zu betonen, daß der Supervisor von Anfang an in die Prozesse, die in der Institution ablaufen, einbezogen ist, und daß seine Beziehung zum Klienten in Form und Inhalt durch die institutionelle Dynamik und Struktur bestimmt wird, um zu einem angemessenem Verständnis von Supervision zu kommen. Denn so wichtig es ist, daß der Supervisor sich auf die institutionellen Prozesse einläßt und einen Ort innerhalb der Institution einnimmt, so wichtig ist es zugleich

auch, daß er sich eine gewisse Autonomie und Bewegungsfreiheit gegenüber der Institution zu sichern versteht. Gelingt ihm dies nicht, so unterscheidet sich seine Lage nicht von der Lage derjenigen, die in der Institution ihrer Arbeit nachgehen und die seine Hilfe erbeten haben, weil sie infolge ihrer institutionellen Verwicklungen nicht mehr fruchtbar arbeiten können. Das schon mehrfach erwähnte »Supervisoren-Kränzchen« in unserem Heim macht sichtbar, daß es der Heimleitung offenbar lange Zeit gelungen war, Supervisoren in ihre institutionelle Strategie zu integrieren; sie waren deshalb den Mitarbeitern als eine Art verlängerter Arm des Heimleiters erschienen. In keiner Institution lassen Versuche, den Supervisor in eine Koalition gegen die jeweils andere Seite zu ziehen, lange auf sich warten. Der Supervisor kann nur dann mit dem Klienten fruchtbar arbeiten, wenn er Grenzgänger bleibt. Grenzgänger zu bleiben heißt, er muß sich in die institutionellen Prozesse verwickeln lassen und zugleich einen Bezugspunkt außerhalb des institutionellen Systems besitzen. Das ist nicht nur um der Wahrung relativer Selbständigkeit und Bewegungsfreiheit willen wichtig, die Voraussetzung produktiver Arbeit sind. Vielmehr kann der Supervisor nur dann zum Katalysator institutioneller Bedeutungen werden, wenn er in die Institution unter anderen Bedingungen und in anderem zeitlich-räumlichen Rhythmus eintritt und sie auch wieder verläßt als die Mitglieder. Die Institution arbeitet sich gerade deshalb an ihm ab und produziert so das Material, an dem die verborgenen Strukturen und Konflikte ans Licht treten, weil sie den Ein- und Austritt des Supervisors in das institutionelle System nicht allein unter ihren eigenen Bedingungen und nach den in ihr geltenden Regeln kontrollieren und definieren kann – weil er also in dieser Hinsicht ein institutioneller Störenfried ist.

Man kann diese Zusammenhänge auch unter dem Gesichtspunkt der Parteilichkeit des Supervisors beschreiben. Dann müssen wir uns fragen, wessen Partei der Supervisor ergreift, wenn er mit einer Institution arbeitet. Ergreift er die Partei der Leitung oder gar des Trägers; oder die der »Basis« der Mitarbeiter; oder die der

Klienten der Institution? Oder versucht er, »neutral« über den Parteien zu stehen? – In jeder Institution kommt es dazu, daß auf den Supervisor explizit oder implizit Druck ausgeübt wird, für dieses oder jenes Teilsystem – seien es nun einzelne oder Gruppen – Partei zu ergreifen – Partei gegen die jeweils anderen. Dieser Druck besteht manchmal in einer subtilen Verführung, die besonders groß ist, wenn der Supervisor in schwierigen Phasen der Supervision selbst ein Verlangen nach Bestätigung und Anerkennung hat und sich aus seiner »einsamen« Rolle als Grenzgänger heraussehnt. So habe ich mich zum Beispiel in der zweiten Sitzung gedrängt gefühlt, gegen die mit sich und ihren Konflikten beschäftigten Mitarbeiter die Partei der »vergessenen« psychisch gestörten Kinder zu ergreifen, ja, mich sogar auf die Seite der Heimleitung zu schlagen, als sie die »Psycho-Spiele« der Mitarbeiter agressiv verurteilte. Die Verführungen und der Druck, denen der Supervisor ausgesetzt ist, zählen zu den Manifestationen der institutionellen »Übertragung« und sind, wie wir bereits gesehen haben, als solche zentrales Material der institutionellen Analyse. Aber sie bieten dem Supervisor keinen Bezugspunkt außerhalb des Systems der Institution. Vielmehr umgekehrt: Der Supervisor bedarf eines solchen Bezugspunktes, um überhaupt klären und entscheiden zu können, ob bestimmte Phänomene der institutionellen »Übertragung« (bzw. »Gegenübertragung«) zuzurechnen sind oder nicht. Nur wenn der Supervisor Partei für ein Drittes ergreift, können die Angebote, Verführungen und Notwendigkeiten zur Parteinahme innerhalb der Institution in ihr relatives Recht gerückt werden. Dieses Dritte muß etwas sein, auf das der Supervisor und seine Klienten sich gemeinsam beziehen können; in dem sie miteinander verbunden sind und zu dem sie doch eine je spezifische Beziehung haben. Was aber kann dieses Dritte sein?

Um diese Frage zu beantworten, greife ich noch einmal auf unser Beispiel zurück. Im Laufe meiner Supervisionsarbeit im Heim habe ich mich immer wieder veranlaßt gesehen, mir die Frage zu stellen, wem in der jeweiligen Supervisionssituation eigentlich meine Loyalität galt. Immer dann, wenn ich – implizit oder explizit – die Partei eines der institutionellen Subsysteme ergriff (der Kinder; der Mitarbeiter; einer bestimmten Berufsgruppe; eines der Häuser, in die das Heim gegliedert war; der Leitung oder einzelner Personen), sah ich mich in die institutionellen Prozesse verwickelt; jedesmal, wenn ich »neutral über den Parteien« stand, drohte ich eine abgehobene, distanzierte Position zu geraten – und war auf diese Weise ebenfalls in die institutionellen Prozesse verwickelt. Denn Nähe, die bewußtlos macht, und Distanz, die affektlos macht, sind beides Manifestationen der verdeckten institutionellen Dynamik und Struktur. Es sind Positionen, die institutionell vorgesehen sind.

Demgegenüber fand ich eine Position hilfreich, die sich folgendermaßen formulieren läßt: meine Loyalität gilt den verschiedenen institutionellen Subsystemen (einzelnen Personen, Gruppen usw.), insofern sie in der Institution in eine Beziehung zueinander treten, um eine spezifische *Aufgabe* zu bewältigen: die pädagogisch-psychotherapeutische *Arbeit* mit den psychisch gestörten Kindern. So war es mir zum Beispiel in der zweiten Sitzung nur dadurch möglich, den Mitarbeitern aus dem Clinch einer unfruchtbaren und erschöpfenden Beschäftigung mit sich selbst und mir aus der Lähmung herauszuhelfen, daß ich das Geschehen in der Supervisionssituation auf die institutionelle Aufgabe bezog: die Arbeit mit den Kindern und dem gewaltigen Druck unterschiedlicher Erwartungen, die in dem Heim mit dieser Aufgabe verknüpft waren.

Wir können also sagen: Das Dritte, auf das sich der Supervisor bei seiner Arbeit in einer Institution beziehen muß, ist die institutionelle Aufgabe. Diese wird niemals durch die Institution allein definiert, wenn auch in allen Institutionen die Tendenz zu beobachten ist, sie durch intern gesetze Aufgaben zu substituieren (z. B. einen möglichst reibungslosen Ablauf). In ihrem Kern ist die institutionelle Aufgabe immer durch jene gesellschaftlichen Instanzen gesetzt, die an der Existenz der Institution interessiert sind. Die Institution kann (und muß) sie interpretieren und arbeitet unter Berücksichtigung des institutionellen Kontextes an ihrer Bewältigung.

Der Bezug auf die institutionelle Aufgabe ist im Supervisionsprozeß nicht immer so selbstverständlich, wie es vielleicht scheinen mag. Gerade in »Team-Supervisonen«, bei denen der Supervisionsfokus auf den Beziehungen zwischen Personen, Gruppen usw. innerhalb der Institution liegt, kann sie leicht aus dem Blick geraten. Der Supervisionsprozeß droht damit in einer chronischen »Beziehungsklärung« zu ersticken. Die Arbeit an institutionellen Beziehungen bekommt jedoch überhaupt nur insofern einen Sinn, als es sich um Beziehungen handelt, die um der Bewältigung einer Aufgabe willen aufgenommen werden – kurz: um *Arbeits*beziehungen. Für den Supervisor ist es besonders wichtig, die Orientierung an der institutionellen Aufgabe zu bewahren, wenn in der konkreten Supervisionssituation von dieser Aufgabe gar nicht die Rede ist – etwa wenn Konflikte zwischen Leitung und Mitarbeitern um Macht- und Kontrollfragen bearbeitet werden, Konflikte, die sehr leicht zu »Selbstläufern« werden und jeglichen Bezug zur institutionellen Aufgabe verlieren. Die Orientierung an der Aufgabe, die der Institution gesetzt ist, liegt nicht immer im Interesse, das der Klient an der Supervision hat. So kommt es vor, daß die Mitarbeiter in einer Institution die Beziehungskonflikte im Team ins Zentrum der Supervision stellen, damit nicht ans Licht kommt, wie groß die Widerstände sind, sich der Aufgabe der Institution voll zu widmen und die narzißtischen Kränkungen zu ertragen, die mit der Ratlosigkeit gegenüber der Aufgabe verbunden sind.

4. An dieser Stelle stoßen wir auf ein Thema, daß ich schon mehrmals gestreift habe: die Nachfrage einer Institution nach Supervision. Die Nachfrage nach Supervision ist kein einmaliger Akt, der dem eigentlichen Supervisionsprozeß vorangeht. Sie ist nicht identisch mit dem Erstkontakt, bei dem der Klient den Supervisor fragt, ob er in der Lage, bereit und willens sei, in der Institution eine Supervision durchzuführen. Erst recht meine ich damit nicht die Nachfrage am Supervisionsmarkt, der das Angebot von Supervision gegenübersteht. Ich bezeichne als Nachfrage der Institution vielmehr ein konstitutives Element der Supervi-

sionsbeziehung. Oder genauer: die Supervisionsbeziehung selbst, insofern sie im Supervisionsprozeß sich in jedem Moment befragen lassen muß – nicht immer explizit, stets aber implizit. Der Erstkontakt und andere entscheidende Ereignisse, in denen der Kontrakt über die Supervision ausgehandelt oder modifiziert wird, sind nur besondere Phasen im Verlauf der Supervision, in denen der Aspekt der Nachfrage eine besondere, explizite Rolle spielt.

Grundsätzlich jedoch gilt: Jede institutionelle Analyse ist immer auch eine Analyse der Nachfrage. Die Behandlung dieses Themas ist zugleich eine Zusammenfassung vieler Überlegungen, die uns bis hierher beschäftigt haben.

Die Analyse der Nachfrage bedeutet, daß der Supervisor und sein Klient sich mit drei Grundfragen auseinandersetzen müssen: (1) Wer ist der Klient? – (2) Was ist der Inhalt der Nachfrage? – (3) Wer ist der Supervisor?

Alle drei Fragen sind im Kontext einer Institution nicht immer leicht zu beantworten, und es können hinsichtlich der möglichen Antworten zwischen dem Supervisor und den Mitarbeitern einer Institution durchaus divergierende Auffassungen bestehen. Die Frage, wer der Klient sei, macht uns darauf aufmerksam, daß Klient und Auftraggeber der Supervision nicht identisch sein müssen. So war in unserem Heim einer der Supervisoren vom Heimleiter für eine Supervision eines der Teams, die den einzelnen Häusern des Heims zugeordnet waren, engagiert worden, weil in ihm besonders viele Konflikte vorherrschten und die Arbeit ineffektiv zu sein schien. Dem Supervisor war also der Supervisand von einem Dritten, in der institutionellen Hierarchie höher Stehenden, zugewiesen worden. Das Team war übrigens mit der Zuweisung durchaus einverstanden, da es sich von der Supervision Vorteile erhoffte, nicht zuletzt eine gewisse Bevorzugung gegenüber den anderen Hausteams. In einem Fall wie diesem ist die Frage, wer der Klient sei, nicht einfach zu beantworten: Ist es das Team, das dem Supervisor zugewiesen wird? Ist es der Leiter, der sich selbst eine Erleichterung erhofft, wenn das Team aufgrund der Supervision bessere Arbeit leistet

und es infolgedessen sich seltener mit Klagen und Beschwerden beschäftigen muß? Sind es Team und Leiter in ihrer Beziehung zueinander? Oder ist es das Gesamt aller Teams, in deren Beziehungsnetz dem besonderen Hausteam die Rolle des Schwarzen Peters zugedacht ist?
Wenn der Supervisor gemeinsam mit der Institution an der Klärung dieser Fragen arbeitet, macht ihm die Analyse der Nachfrage eine Fülle von Material zugänglich, in dem die verborgene Struktur und Dynamik der Institution faßbar wird. In den Entscheidungen, Phantasien, Präferenzen und Ambivalenzen, wer der Klient der Supervision sei, manifestieren sich die Konflikte und Schwierigkeiten der Institution. Im Beispiel: Als ich der Heimleitung ein Gespräch mit ihr vorschlug, ging ich von der Überlegung aus, nicht nur die Mitarbeiter seien meine Klienten (dies hatte mir die Heimleitung nahegelegt), sondern Mitarbeiter und Heimleitung in ihrer Beziehung zueinander. Die Heimleitung aber schlug meine Bitte ab und brachte damit zum Ausdruck, daß sie primär den Kreis der Mitarbeiter als meine Klienten betrachtete. Die gemeinsame Analyse der Vorstellung, wer der Klient sei, brachte dann ein Stück Institutionsgeschichte ans Licht. Wenn der Supervisor es versäumt, die Frage nach dem Klienten als Teil der Analyse der Nachfrage zu bearbeiten, entgleitet seinen Händen nicht nur wertvolles Material; er läuft auch Gefahr, den Supervisionsprozeß ins Leere laufen zu lassen, weil sein Klient ein ihm bloß unterschobener ist.
Das Beispiel verweist uns aber auch schon auf die Frage, wer der Supervisor sei; das zweite konstitutive Element einer Analyse der Nachfrage. Denn wenn die Heimleitung die Bitte um ein Gespräch mit dem Supervisor aus Rücksicht auf das Mißtrauen in der Mitarbeiterschaft ablehnt, so schlägt sich darin eine Phantasie nieder, wer der Supervisor sei. In den Phantasien, die die Interaktionen in der Institution determinieren, ist der Supervisor der Mann der Leitung. Wir haben gesehen, daß die Phantasie in der Geschichte der Institution und bestimmten Eigentümlichkeiten ihrer hierarchischen Struktur ihre Wurzeln haben. Die Analyse der Frage, wer der Supervisor sei, kann deshalb zu einem

Verständnis dieser Zusammenhänge führen. Das »Bild« oder besser: die »Bilder«, die eine Institution und ihre Subsysteme sich vom Supervisor und seiner Arbeit machen, lassen wie die Vorstellungen, wer der Klient sei, etwas von den verborgenen institutionellen Prozessen in der Supervisionssituation an die Oberfläche kommen. Wir dürfen aber die Bilder, die eine Institution vom Supervisor produziert, nicht von der Realität des Supervisors und seiner eigenen Vorstellung von seiner Rolle in der Institution loslösen. Der Supervisor ist Katalysator institutioneller Bedeutungen nicht aufgrund einer abstrakten, formalen Bestimmung der Supervisorenrolle, sondern aufgrund der konkreten Bestimmtheit seiner Person. So hat zum Beispiel die Berufs- und Institutionszugehörigkeit des Supervisors in der Institution eine auslösende Wirkung für die Phantasien, wer der Supervisor sei, und damit bestimmte Kraft für jene Prozesse, durch die die Institution sich an ihm abarbeitet und damit verborgene institutionelle Strategien der Konfliktbewältigung ans Licht bringt. Auch die Modi der Bezahlung des Supervisors gehören zu den Anstößen, denen sich in einer Institution die Antworten auf die Frage, wer der Supervisor sei, verdanken. Zum Beispiel kann eine Bezahlung des Supervisors durch den Träger nicht nur eine hohe Barriere des Mißtrauens ihm gegenüber errichten; die gemeinsame Analyse des Mißtrauens kann auch mehr Licht auf die Dynamik der Beziehung der Institution zum Träger werfen.

Die Diskussion des dritten Elements der Analyse der Nachfrage, die Frage, was ihr Inhalt sei, kann ich nur knapp halten. Wir haben das Thema bereits mehrfach gestreift. Auch ergeben sich in methodischer Hinsicht keine grundsätzlich neuen Aspekte über das hinaus, was bei den Fragen nach dem Klienten und nach dem Supervisor besprochen wurde. Allerdings heißt das nicht, daß die Frage nach dem Inhalt der Nachfrage im Supervisionsprozeß mindere Bedeutung gegenüber den beiden anderen hätte. Ein Verzicht auf diesen Aspekt der Analyse der Nachfrage ist nicht weniger verhängnisvoll als ein Verzicht auf die anderen beiden Aspekte. Überhaupt sind die drei Fragen nach Inhalt, Klient und Supervisor nur theoretisch voneinaner zu trennen. In jeder konkreten Supervisionssituation erweist sich schnell ihre Interdependenz. Eine Analyse des Inhalts der Nachfrage wird wichtig, weil – wir haben es an unserem Beispiel gesehen – der vom Klienten angebotene Inhalt und Fokus der Supervision im institutionellen Kontext eine Verschiebung erfahren haben kann – wenn etwa die Beziehungen innerhalb eines Teams als Fokus der Arbeit angeboten werden, während tatsächlich der Kern des Problems in der Arbeit mit dem Adressaten der Institution steckt. Die Analyse kann dann zeigen, welche Funktion inhaltliche Verschiebungen im Leben der Institution haben. Es erübrigt sich fast die Bemerkung, daß hier abermals die Analyse nicht nur wichtiges Material produziert, sondern auch den Supervisor erst in die Lage versetzt zu beurteilen, ob seine Arbeit in der Institution zum Kern der institutionellen Probleme vorstößt oder in Gefahr ist, auf Nebengeleise zu geraten.

Wenn ich der Analyse der Nachfrage eine zentrale Stelle in der Supervisionsarbeit mit Institutionen zuweise, so will ich damit noch einmal hervorheben, daß jede Supervision am Leitfaden der Beziehung zwischen Supervisor und Institution orientiert sein muß. Wir können noch einen Schritt weitergehen: Wenn eine Institution einem Supervisor den Auftrag gibt, mit ihr zu arbeiten, so gibt sie damit zu verstehen, daß sie für eine gewisse Zeit und unter bestimmten Bedingungen einige der Funktionen, die sie bisher selbst wahrgenommen hat, an einen anderen delegiert, um auf einer neuen Ebene wieder funktionsfähig zu werden. Deshalb können wir sagen: Wenn eine Institution eine Beziehung zu einem Supervisor aufnimmt, so läßt sie sich am Leitfaden der Supervisionsbeziehung auf eine Auseinandersetzung mit den eigenen Konflikten und Schwierigkeiten ein und auf die Aufklärung ihrer verborgenen Struktur und Dynamik. Manchmal ist die Beunruhigung durch diese Innovation so groß, daß die Institution die Supervision lieber abbricht oder den Supervisor ins Leere laufen läßt, als sich zu verändern. Manchmal aber kann Supervision auch in einer Institution zu Veränderungen und zu neuen Möglichkeiten führen.

Literatur

Adler, A. (1928): Über den nervösen Charakter, Frankfurt/M. 1972 (Fischer)

Adler, A. (1930): Praxis und Theorie der Individualpsychologie, Frankfurt/M. 1974 (Fischer)

Ansbacher, H. L./Ansbacher, R. R. (1975): Alfred Adlers Individualpsychologie, München/Basel (Reinhardt)

Argelander, H. (1972): Gruppenprozesse, Wege zu ihrer Anwendung der Psychoanalyse in Behandlung, Lehre und Forschung, Reinbek (Rowohlt)

Argelander, H. (Hrsg.) 1973): Konkrete Seelsorge, Stuttgart (Kreuz)

Argelander, H. (1979 a): Balint-Gruppen, in: Heigl-Evers, A. (Hrsg.): Die Psychologie des 20. Jahrhunderts, Bd. 7, München (Kindler)

Argelander, H. (1979 b): Die kognitive Organisation psychischen Geschehens, Stuttgart (Klett-Cotta)

Balint, E. (1961): Psychotherapeutic Techniques in Medicine, London (Tavistock Publications)

Balint, E. (1975): Fünf Minuten pro Patient, Frankfurt/M. (Suhrkamp)

Balint, E. (1976): Michael Balint und die Droge »Arzt«, in: Psyche 30, 105–124

Balint, M. (1957): Der Arzt, sein Patient und die Krankheit, Stuttgart (Klett)

Balint, M. und E. (1970): Psychotherapeutische Techniken in der Medizin, München (Kindler)

Bauriedl, Th. (1980): Beziehungsanalyse – Das dialektische-emanzipatorische Prinzip der Psychoanalyse und die Konsequenzen für die psychoanalytische Familientherapie, Frankfurt/M. (Suhrkamp)

Bauriedl, Th. (1985 a): Psychoanalyse ohne Couch. Zur Theorie und Praxis der Angewandten Psychoanalyse, München (Urban & Schwarzenberg)

Bauriedl, Th. (1985 b): Die Auflösung von Beziehungsstörungen in Balint-Gruppen, in: Bauriedl, Th. (1985a)

Bauriedl, Th. (1986): Die Wiederkehr des Verdrängten. Psychoanalyse in der Politik, München (Piper)

Bauriedl, Th./Langenbeck, M./Lohmer, M. u. a. (1982): Psychoanalyse und Sozialpsychiatrie – Möglichkeiten der Zusammenarbeit, in: Materialien zur Psychoanalyse und analytisch orientierten Psychotherapie 8, 159–208

Beck, W. (1979): Gruppenpsychotherapeutische Methoden in der psychotherapeutischen und psychosomatischen Klinik, in: Heigl-Evers (Hrsg.) 1979, 911–918

Benne, K. D. (1975): Einige moralische Probleme bei der Beratung von Gruppen und Organisationen, in: Bennis (Hrsg.) 1975, 501–514

Bennis, W. G. (Hrsg.) (1975): Änderung des Sozialverhaltens, Stuttgart (Klett)

Berne, E. (1979): Struktur und Dynamik von Organisationen und Gruppen, München (Kindler)

Bion, W. R. (1971): Erfahrungen in Gruppen und andere Schriften, Stuttgart (Klett)

Bollinger, H./Brockhaus, G./Hohl, J./Schwaiger, H. (1981): Medizinerwelten. Die Deformation des Arztes als berufliche Qualifikation, München (Zeitzeichen)

Bosse, H. (1982): Defence Allinances. From Anxiety of Methode in the Analytical Group, in: Group Analysis XV/1, 24–37

Bowlby, J. (1969): Attachment and Loss, Vol. I. Attachment, Tavistock Publications, London (The Hogarth Press)

Cherniss, C. (1979): Professional Burnout in Human Service Organisations, New York (Praeger)

Clyne, M. B. (1984): Ausbildung praktischer Ärzte in der Arzt-Patient-Beziehung, in: Luban-Plozza, B./Dickhaut, H. H., Praxis der Balintgruppen, Berlin (Springer)

Conrad, G./Pühl, H. (1983): Team-Supervision. Gruppenkonflikte erkennen und lösen, Berlin [3]1985 (Marhold)

Devereux, G. (1976): Angst und Methode in den Verhaltenswissenschaften, Frankfurt/M./Berlin/Wien (Ullstein)

Dickhaut, H. H. (1984): Die Arzt-Patient-Beziehung im Wandel der Zeit – am Beispiel Psychiatrie, in: Luban-Plazza 1984

Eicke, D. (1984): Zur Frage der Gruppenleitung von Balintgruppen, in: Luban-Plozza 1984

Foucault, M. (1976): Überwachen und Strafen, Frankfurt/M. (Suhrkamp)

Freud, S. (1912/13): Totem und Tabu, in: Gesammelte Werke Bd. IX, Frankfurt/M. (Fischer)

Freud, S. (1914): Zur Psychologie des Gymnasiasten – Festschrift anläßlich des 50jährigen Bestehens des K. K. Erzherzog Rainer-Realgymnasiums in Wien, in: Studienausgabe Bd. IV, Frankfurt/M. (Fischer)

Freud, S. (1921): Massenpsychologie und Ich-Analyse, in: Gesammelte Werke Bd. XIII, Frankfurt/M.

Freud, S. (1927): Die Zukunft einer Illusion, in: Studienausgabe Bd. IX, Frankfurt/M.

Freud, S. (1928): Die Frage der Laienanalyse, in: Gesammelte Werke Bd. XIV, Frankfurt/M.

Freud, S. (1930): Das Unbehagen in der Kultur, in: Gesammelte Werke Bd. XIV, Frankfurt/M.

Freud, S. (1937): Die endliche und unendliche Analyse, in: Gesammelte Werke Bd. XVI, Frankfurt/M.

Freudenberger, H. J. (1974): Staff Burn-out, in: Journal of Social Issues 30 (1) 1974, 159–165

Foulkes, S. H. (1946): Group analysis in military neurosis centre, in: Lancet 1, 330–310

Foulkes, S. H. (1948): Instruction to Group-Analytic Psychotherapy, London (Heinemann); New York (Grune & Stratton)

Foulkes S. H. (1971): Dynamische Prozesse in der gruppenanalytischen Situation, in: Heigl-Evers (Hrsg.) 1971

Foulkes, S. H. (1973): Über die Interpretation in der analytischen Gruppentherapie, in: Ammon, G. (Hrsg.), Gruppenpsychotherapie, Hamburg (Hoffmann & Campe)

Foulkes, S. H. (1974): Gruppenanalytische Psychotherapie, München (Kindler)

Foulkes S. H. (1978): Praxis der gruppenanalytischen Psychotherapie, München/Basel (Reinhardt)

Foulkes, S. H./Anhony E. J. (1957): Groups Psychotherapy: The Psychoanalytical Approach, London (Penguin Books)

Foulkes, S. H./Prince, G. S. (Hrsg.) (1969): Psychiatry in an Changing Society, London (Tavistock)

Füchtner, H. (1980): Zur politischen Relevanz psychoanalytischer Institutionsberatung, in: Psychoanalyse 1, 90–111

Fürstenau, P. (1979): Zur Psychoanalyse der Schule als Institution, in: Fürstenau, P., Zur Theorie psychoanalytischer Praxis, Stuttgart (Klett-Cotta)

Gaernter, A./Wittenberger, G. (1979): Supervision und der institutionelle Diskurs, in: Akademie für Jugendfragen Münster (Hrsg.), Supervision im Spannungsfeld zwischen Person und Institution, Freiburg (Lambertus)

Geissler, K. H./Hege, M. (1981): Konzepte sozialpädagogischen Handelns, 2. erw. Aufl., Weinheim (Beltz)

Goldstein, K. (1939): The Organism: A Holistic Approach to Biology. Derived from Pathological Data in Man, New York (American Bock Company)

Gfäller, G. R. (1979): Gruppenanalytische Supervision in psychologischen Institutionen – ein Erfahrungsbericht, in: Informationsblatt der Sektion Sozialtherapie im DAGG, Heft O, 16–42

Gfäller, G. R. (1982): Therapeutic Group Analysis in the Large Group. An Experiment, in: Group Analysis XV/3, 278–288

Gfäller, G. R.: (1984): Analytische Großgruppe: Bearbeitung individueller und institutioneller Sozialisationsbedingungen, in: Gruppenpsychoter. Gruppendyn. 20, 203–205

Gfäller, G. R. (1985): Von Freud zu Foulkes. Eine gruppenanalytische Interpretation von Totem und Tabu, in: Gruppenpsychother. Gruppendyn. 20

Hege, M. (1977): Praxisberatung in der Fachhochschule. Ein Beitrag zur Konzeption feldorientierter Gruppendynamik, in: Gruppenpsychotherap. Gruppendynamik 12, 169–181

Heigl-Evers, A. (Hrsg.) (1971): Psychoanalyse und Gruppe, Göttingen (Vandenhoeck & Rupprecht)

Heigl-Evers, A. (Hrsg.) (1979): Lewin und die Folgen, Psychologie des 20. Jahrhunderts, Bd. VIII, München (Kindler)

Heigl-Evers, A./Hering, A. (1970/1971): Die Spiegelung einer Patienten-Gruppe durch die Therapeuten-Kontrollgruppe, in: Gruppenpsych. Gruppendyn. 6/1970, 179–190 und in: Heigl-Evers, A. (Hrsg.) 1971

Heintel, P. (1979): Institutions- und Organisationsberatung, in: Heigl-Evers, A. (Hrsg.) 1979, 956–965

Henft, G./Knott, H. (1984): Die Episodentechnik – Balint-Gruppenarbeit im Rahmen analytischer Psychotherapie in der Klinik, in: Beland, E. u. a. (Hrsg.), Jahrbuch der Psychoanalyse 16, Stuttgart-Bad Cannstatt (Fromann-Holzboog)

Hürter, O. (1977): Interventionen in Organisationen, in: Gruppenpsychother. Gruppendyn. 12/1977, 151–168

Jay, M. (1981): Die dialektische Phantasie. Die Geschichte der Frankfurter Schule und des Instituts für Sozialforschung 1923–1950, Frankfurt/M. (Fischer)

Kadis, A. L./Krasner, J. D./Weiner, M. F./Winick, C./Foulkes, S. H. (1982): Praktikum der Gruppenpsychotherapie, Stuttgart-Bad Cannstatt (Fromann-Holzboog)

Kaplan, H. J./Sadock, B. J. (Hrsg.) (1983): Comrehensice Group Psychotherapy 2. Ed., Baltimore (Williams & Wilkins)

Kernberg, O. (1967): Borderline personality organisation, in: J. Am. Psa. Assn. 15, 641–685

Kersting, H. J. (1975): Kommunikationssystem Gruppensupervision. Aspekte eines Lernlehrverfahrens, Freiburg (Lambertus)

Kleij, G. v. d. (1982): About the matrix, in: Group Analysis XV/3, 219–234

Kohut, H. (1977): Introspektion, Empathie und Psychoanalyse, Frankfurt/M. (Suhrkamp)

Kreeger, L. (Hrsg.) (1977): Die Großgruppe, Stuttgart (Klett)

Kutter, P. (1974): Sozialarbeit und Psychoanalyse, Göttingen (Vandenhoeck & Rupprecht)
Kutter, P. (1983): Psychoanalytische Supervisions-Gruppen an der Hochschule, in: Psyche 3/83, 237–253
Kutter, P./Roth, J. K. (1981): Psychoanalyse an der Universität, München (Kindler)
Labhardt, F. (1984): Deppression und Balint-Gruppe, in: Luban-Plozza (1984)
Lapassade, G. (1972): Gruppen, Organisationen, Institutionen, Stuttgart (Klett-Cotta)
Lappassade, G. (1973): Institutionsanalyse und Sozio-Analyse, in: Gruppendynamik 4/1973, 377 ff.
Lapassade, G. (1976): Der Landvermesser oder die Universitätsreform findet nicht statt, Stuttgart (Klett-Cotta)
Lobrot, M. (1966): La pédagogie institutionelle, Paris
Loch, W. (1969): Balint-Seminare. Instrumente zur Diagnostik und Therapie pathogener zwischenmenschlicher Verhaltensmuster, in: Jahrbuch der Psychoanalyse VI, 141–156
Lohmann, H.-M. (1983): Das Unbehagen in der Psychoanalyse, Frankfurt/M. (Qumran)
Lohmann, H.-M. (Hrsg.) (1984): Die Psychoanalyse auf der Couch, Frankfurt/M. (Qumran)
Lorenzer, A. (1973): Sprachzerstörung und Rekonstruktion, Frankfurt/M. (Suhrkamp)
Louran, R. (1970): L'analyse institutionelle, Paris
Luban-Plozza, B. (Hrsg.) (1974): Praxis der Balint-Gruppen. Beziehungsdiagnostik und Therapie, München (Lehmanns)
Luban-Plozza, B./Dickhaut, H. H. (Hrsg.) (1984): Praxis der Balint-Gruppen, Berlin (Springer)
Main, T. F. (1946): The Hospital as a therapeutic institution, in: Bull. Menninger Clin. 10/3
Mann, H. (1951): Professor Unrat, Reinbek (Rowohlt)
Melzer, G. (1977): Funktionen und Einsatzbereiche der Praxisberatung (Supervision) in: Nachrichtendienst 9/1977
Mentzos, St. (1976): Interpersonale und institutionalisierte Abwehr, Frankfurt/M. (Suhrkamp)
Mitscherlich-Nielsen, M. (1978): Zur Psychoanalyse der Weiblichkeit, in: Psyche 32, 669–694
Müller, C. W. (1982): Wie Helfen zum Beruf wurde. Eine Methodengeschichte der Sozialarbeit, Weinheim (Beltz)
Münch, W. (1984): Leiden und Lust an der Schule – Psychoanalytische Selbsterfahrung und Supervision in Lehrergruppen, Schriftenreihe der Fachhochschule Frankfurt, Bd. 13, Frankfurt/M.

Münch, W. (1984): Gruppensupervison mit Lehrern, in: Gruppenpsychotherap. Gruppendyn. 20/1984, 185–193

Münch, W. (1984): Die Bearbeitung von beruflichen Konflikt- und Krisenerlebnissen in der Supervisionsgruppe, in: Ztschr. Supervision 5/1984

Ottomeyer, K. (1977): Ökonomische Zwänge und menschliche Beziehungen. Soziales Verhalten im Kapitalismus, Reinbek (Rowohlt)

Parin, P. (1977): Das Ich und die Anpassungsmechanismen, in: Psyche 31, 481–515

Parin, P. (1985): Freudlose Zeiten: Zur Psychoanalyse-Kritik im ›Spiegel‹, in: Konkret 2/1985

Parin, P./Parin-Matthèy, G. (1983): Medicozentrismus in der Psychoanalyse, in: Hoffmann, S. O. (Hrsg.), Deutung und Beziehung. Kritische Beiträge zur Behandlungskonzeption und Technik in der Psychoanalyse, Frankfurt/M. (Fischer)

Pettes, D. E. (1971): Supervision in der Sozialarbeit. Anleitung von Studenten und Praxisberatung von Mitarbeitern, Freiburg (Lambertus)

Pfannschmidt, H. (1984): Die politische Implikation der Psychoanalyse. Über den Umgang mit Macht. Vortrag auf dem Kongreß der DGGPT (Lindau), Manuskript

Pines, M. (1979): S. H. Foulkes Beitrag zur Gruppentherapie, in: Heigl-Evers 1979, 719–732

Pühl, H. (1984): Methodische Überlegungen zur Bearbeitung unbewußter Gruppenprozesse – am Beispiel einer Teamsupervision, in: Ztschr. Supervision 6/1984

Pühl, H. (1985): Beratungsansätze in der Sozialarbeit, in: Theorie und Praxis der Sozialen Arbeit 5/1985

Pühl, H. (1986): Angstdynamik in Gruppen und Institutionen. Grundlagen und Praxis analytischer Gruppendynamik, in Vorbereitung

Roth, J. K. (1984): Hilfe für Helfer. Balint-Gruppen, München (Piper)

Rümke, H. C. (1958): Die klinische Differenzierung innerhalb der Gruppe der Schizophrenen, in: Nervenarzt 29, 49 ff.

Sachße, Ch./Tennstedt, F. (Hrsg.) (1981): Jahrbuch der Sozialarbeit 4. Geschichte und Geschichten, Reinbek (Rowohlt)

Sadock, B. J. (1983): Prepation, Selection of Patients and Organisation of the Group, in: Kaplan/Sadock 1983

Sager, C. J. (1973): Die Ausbildung von Klinikpersonal für eine therapeutische Gemeinschaft, in: Sager, C. J./Kaplan H. S. (Hrsg.), III, 1973

Sager, C. J./Kaplan, H. S. (Hrsg.) (1973): Handbuch der Ehe-, Familien- und Gruppentherapie, I–III, München (Kindler)

Sahm, A. (1979): Lernziel Zusammenarbeit, Frankfurt/M. (Kommentator)

Schein, E. H. (1969): Proces Consultation: Its Role in Organization Development, Reading

Schmid, V. (1973): Balint-Gruppen mit Lehrern, in: Stuttgarter Akademie für Tiefenpsychologie und analytische Psychotherapie (Hrsg.), Individuum und Gesellschaft, Stuttgart (Klett)

Schmidbauer, W. (1972): Sensitivitätstraining und analytische Gruppendynamik, München (Piper)

Schmidbauer, W. (1977): Die hilflosen Helfer. Über die seelische Problematik der helfenden Berufe, Reinbek (Rowohlt)

Schmidbauer, W. (1982): Im Körper zuhause. Alternativen für die Psychotherapie, Frankurt/M. (Fischer)

Schmidbauer, W. (1983): Helfen als Beruf. Die Ware Nächstenliebe, Reinbek (Rowohlt)

Seifert, E./Pühl, H./Fiedler, M. (1980): Supervision, in: FHSS-info 3/1980, Berlin

Selvini Palazzoli, M. u.a. (1984): Hinter den Kulissen der Organisation, Stuttgart (Klett-Cotta)

Skynner, A. C. R. (1979): Institutes and How to Survive Them, in: Group Analysis XVII/2, 91–107

Wellendorf, F. (1978): Zur Praxis der Beratung pädagogischer Institutionen, in: Heise, H./Arnold/W. (Hrsg.), Texte zur Schulpsychologie und Bildungsberatung, Bd. 3, Braunschweig

Wellendorf, F. (1979): Sozioanalyse und Beratung pädagogischer Institutionen, in: Geissler, K. H. (Hrsg.), Gruppendynamik für Lehrer, Reinbek (Rowohlt)

Whiteley, J. S./Gordon, J. (1979): Group approaches in psychiatry, London (Routledge & Kegan Paul), Boston (Henley)

Winnicott, D. W. (1974): Reifungsprozesse und fördernde Umwelt, München (Kindler)

Wynne, L. C. (1975): Einige Indikationen und Kontraindikationen für exploratorische Familientherapie, in: Boszormenyi-Nagy, I./Framo, J. L. (Hrsg.), Familientherapie, Bd. II, Reinbek (Rowohlt)

Die Autoren

Thea Bauriedl, geb. 1938, Dr. phil. habil., Diplompsychologin, Psychoanalytikerin. Lehrbeauftragte an der Universität München und Dozentin an der Akademie für Psychoanalyse und Psychotherapie, München.

Georg Richard Gfäller, geb. 1949, Dipl. sc. pol., Psychoanalytiker und Gruppenanalytiker, Mitglied des Vorstands und Vorsitzender des Curriculumausschusses am Institut für Gruppenanalyse, Heidelberg.

Winfried Münch, geb. 1939, Dr. phil., Professor für Soziale Beratung an der Fachhochschule Frankfurt, Fachbereich Sozialarbeit. Tätigkeit als Gruppendynamiker und Leiter von Supervisionsgruppen für Lehrer, Ärzte und Sozialberater.

Harald Pühl, geb. 1947, grad. Sozialarbeiter, Diplompsychologe, z. Zt.wissenschaftlicher Mitarbeiter am Psychologischen Institut der Freien Universität Berlin. Seit Jahren als freier Supervisor speziell für Arbeitsteams und Projekte tätig.

Wolfgang Schmidbauer, geb. 1941, Dr. phil., Diplompsychologe, Gastprofessor an der Gesamthochschule-Universität Kassel. Psychoanalytiker (MAP), Lehranalytiker, Gruppenleiter (GaG).

Franz Wellendorf, Dr. phil., Professor für Psychologie an der Universität Hannover, Psychoanalytiker (DPG), Supervisor und Institutionsberater.